新能源汽车电气技术

主 编 江鲁安 顾建疆
副主编 张 峰 张增文
主 审 董 斌

哈尔滨工业大学出版社

内 容 提 要

本书根据石河子技师培训学院新能源汽车维修专业国家高技能培训基地项目对高职新能源汽车人才培养目标的要求编写。全书共 5 个项目 11 个任务,采用项目引领、任务驱动的形式介绍新能源汽车电气技术相关知识,主要包括新能源汽车电路元件的检修、新能源汽车电路图的识图、新能源汽车电源系统的认知、新能源汽车电源系统的检修、新能源汽车充电系统的认知、新能源汽车充电系统的检修、新能源汽车空调系统的认知、新能源汽车暖风系统的检修、新能源汽车空调制冷系统的检修、新能源汽车车载网络系统的认知、新能源汽车车载网络系统的检修。每个项目分为任务引入、任务要求、相关知识和任务实施。

本书适合各类职业院校新能源汽车检测与维修技术专业师生使用,也可作为培训机构对新能源汽车故障诊断从业人员的培训教材。

图书在版编目(CIP)数据

新能源汽车电气技术/江鲁安,顾建疆主编. —哈尔滨:哈尔滨工业大学出版社,2021.10(2024.5 重印)
ISBN 978-7-5603-9748-1

Ⅰ.①新… Ⅱ.①江… ②顾… Ⅲ.①新能源-汽车-电气系统-检修 Ⅳ.①U472.41

中国版本图书馆 CIP 数据核字(2021)第 205718 号

策划编辑　杨秀华
责任编辑　杨秀华
封面设计　王　萌
出版发行　哈尔滨工业大学出版社
社　　址　哈尔滨市南岗区复华四道街 10 号　邮编 150006
传　　真　0451-86414749
网　　址　http://hitpress.hit.edu.cn
印　　刷　哈尔滨市工大节能印刷厂
开　　本　787 mm×1092 mm　1/16　印张 11.5　字数 273 千字
版　　次　2021 年 10 月第 1 版　2024 年 5 月第 2 次印刷
书　　号　ISBN 978-7-5603-9748-1
定　　价　78.00 元

(如因印装质量问题影响阅读,我社负责调换)

前　言

近年来,新能源汽车在我国不断普及,其保有量不断提高,同时新能源汽车技术也在不断发展,这就需要职业院校不断地输送相关人才。职业教育是培养技术技能人才、促进就业创业创新、推动中国制造和服务上水平的重要基础,新能源汽车产业的迅速发展对新能源汽车技术相关专业的学生提出了更高的理论和实践要求。基于此,学生通过对"新能源汽车电气技术"这门课程的系统学习,以获得新能源汽车电气技术方面的综合知识,对于培养技术技能型人才具有重要意义。

教材建设是职业院校教学和人才培养的重要组成部分,目前新能源汽车技术发展方兴未艾,在人才培养过程中缺乏使用的教材,因此如何编写适合职业教育发展的新能源汽车方向教材是培养人才急需解决的问题。编者在总结自身教学实践经验的基础上,经过充分调研后,结合新能源汽车电气系统典型结构和工作原理,编写了本书。本书内容翔实,图文并茂,以成熟应用理论为主,具有较强的实践价值。

全书共5个项目11个任务,采用项目引领、任务驱动的形式介绍新能源汽车电气技术相关知识,主要包括新能源汽车电路元件的检修、新能源汽车电路图的识图、新能源汽车电源系统的认知、新能源汽车电源系统的检修、新能源汽车充电系统的认知、新能源汽车充电系统的检修、新能源汽车空调系统的认知、新能源汽车暖风系统的检修、新能源汽车空调制冷系统的检修、新能源汽车车载网络系统的认知、新能源汽车车载网络系统的检修。每个项目分为任务引入、任务要求、相关知识和任务实施。

本书由石河子技师培训学院江鲁安、顾建疆任主编,江苏世纪龙科技有限公司张峰、石河子技师培训学院张增文任副主编。在编写过程中参考了大量的著作、发表的专业论文以及网上的相关资料,在此向有关作者、编者以及同行表示感谢。本书得到了江苏世纪龙科技有限公司的大力帮助,在此一并表示感谢。

限于作者的水平,书中难免存在疏漏之处,欢迎各位专家和读者提出宝贵意见和建议,以便丰富、完善和补充教材,为再版奠定基础。

编　者
2021年9月

目　　录

项目一　新能源汽车电路图识读 ·· 1
　　任务一　新能源汽车电路元件的检修 ·· 1
　　任务二　新能源汽车电路图的识图 ··· 22

项目二　新能源汽车电源系统的检修 ·· 33
　　任务一　新能源汽车电源系统的认知 ·· 33
　　任务二　新能源汽车电源系统的检修 ·· 54

项目三　新能源汽车充电系统的检修 ·· 66
　　任务一　新能源汽车充电系统的认知 ·· 66
　　任务二　新能源汽车充电系统的检修 ·· 93

项目四　新能源汽车空调系统的检修 ·· 118
　　任务一　新能源汽车空调系统的认知 ·· 118
　　任务二　新能源汽车暖风系统的检修 ·· 135
　　任务三　新能源汽车空调制冷系统的检修 ··································· 145

项目五　新能源汽车车载网络系统的检修 ······································ 155
　　任务一　新能源汽车车载网络系统的认知 ··································· 155
　　任务二　新能源汽车车载网络系统的检修 ··································· 173

参考文献 ·· 177

项目一　新能源汽车电路图识读

项目描述

本项目共有两个学习任务,分别是:任务一新能源汽车电路元件的检修;任务二新能源汽车电路图的识图。

通过两个任务的学习,掌握新能源汽车电路图基本组成和电路元件的检修,并掌握新能源汽车电路图的识读方法。

任务一　新能源汽车电路元件的检修

一、任务引入

一位吉利 EV450 车主,发现左前照明灯不亮,经过检查发现导线断了,作为一名新能源汽车维修工,你能根据电路原理图正确地对导线进行维修吗?

二、任务要求

知识要求:
1. 能够描述新能源汽车电路图的基本组成。
2. 能够描述新能源汽车电路元件类型。
3. 能够描述新能源汽车线束的维护方法。

能力要求:
1. 能够正确检修电路元件。
2. 能够正确进行新能源汽车线束维护。

职业素养要求:
1. 严格执行汽车检修规范,养成严谨科学的工作态度。
2. 养成总结训练结果的习惯,为下次训练积累经验。
3. 尊重他人劳动,不窃取他人成果。
4. 养成团结协作的精神。
5. 严格执行 5S 现场管理。

三、相关知识

(一)电路图的基本组成

汽车电路即汽车用电设备的通路,指根据用电设备的工作特性及相互间的关系用导线和车体连接成电流的通路,构成一个完整的供、用电系统。汽车电路一般由电源、用电设备、电路控制装置、导线和电路保护装置组成,如图 1.1.1 所示。

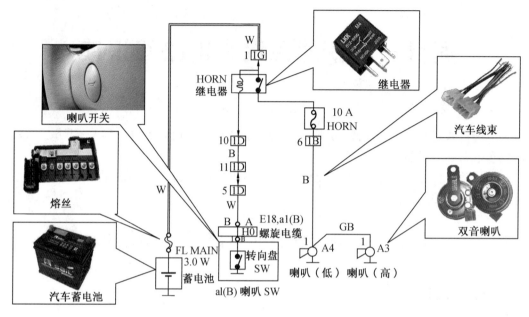

图 1.1.1　电路图的基本组成

(1)电源。汽车电气设备提供低压直流电能,以保证汽车在行驶中和停车时都能投入正常工作。汽车上装有两个电源,即蓄电池和发电机。

(2)用电设备,又称负载,包括电动机、电磁阀、灯泡、仪表、各种电子控制器件和部分传感器等。

(3)控制器件。除了传统的各种手动开关、压力开关、温控开关外,现代汽车还大量使用电子控制器件,包括简单的电子模块(如电子式电压调节器等)和微电脑形式的电子控制单元(如发动机电控单元、自动变速器电控单元等)。电子控制器件和传统开关在电路上的主要区别是电子控制器件需要单独的工作电源及需要配用各种形式的传感器。

(4)电路保护装置,主要有熔断丝(俗称保险丝)、电路断电器及易熔线等,其功能是在电路中起保护作用。当电路中流过超过规定的电流时切断电路,防止烧坏电路连接导线和用电设备,并把故障限制在最小范围内。

(5)导线,用于将以上各种装置连接起来构成电路。此外,汽车通常用车体代替部分从用电器返回电源的导线。

汽车电路图就是采用国家、厂家标准规定的图形符号、文字符号和规定的画法,对汽车电气系统的组成、工作原理及相互间的关系、安装位置等做出图解说明的电气文件。

汽车电路图反映的是汽车电气系统的组成、工作原理和相互间的联系以及具体的安装位置,因此,汽车电路图在汽车设计、制造、维修过程中是不可缺少的技术资料和工具,尤其在汽车维修中更是起到指导性的作用,为故障的查找分析、排除提供便利。

汽车上的用电设备数量较多,用电器元件的结构图来表示汽车电路会非常复杂。因此,通常用符号表示电器元件,并用导线将电器元件按照一定的规律连接起来,构成汽车的电路图。

汽车电路中常用的图形符号有电路图形符号和仪表、开关、指示灯标志图形符号。所有的汽车电路图均是由线条、图形符号和文字来表示的,它们遵守一定的规则和约定,但各种车型由于产地和厂家的不同,而在图中采用了一些特定记号。学习和掌握汽车线路的基本标注方法,有助于正确判别接点标记、线型(规格截面)、色码标志等代码信息。长沙汽车电器研究所推荐使用的汽车电路图形符号,简明扼要,含义准确,比较标准和规范,目前在汽车电路图中得到了广泛的应用。

具体的电路图形符号和仪表、开关、指示灯标志图形符号的含义可参阅厂家维修资料,以下列举一部分广泛应用的汽车电路图形符号,如表1.1.1~1.1.7所示。

1. 限定符号

表1.1.1 常用的基本符号

序号	名称	图形符号	序号	名称	图形符号
1	直流	—	6	中性点	N
2	交流	~	7	磁场	F
3	交直流	≂	8	搭铁	⊥
4	正极	+	9	交流发电机输出接线柱	B
5	负极	—	10	磁场二极管输出端	D+

2. 导线、端子和导线的连接符号

表1.1.2 导线、端子和导线的连接符号

序号	名称	图形符号	序号	名称	图形符号
1	接点	●	8	插头和插座	 ⊏⊐
2	端子	○	9	多极插头和插座（图示为三极）	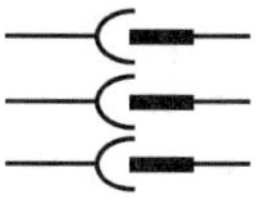
3	可拆卸的端子	⌀	10	接通的连接片	
4	导线的连接	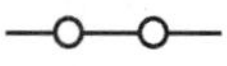 —○—	11	断开的连接片	
5	导线的分支连接	 ⊥	12	屏蔽导线	 —·—·—
6	导线的交叉连接	 +	13	边界线	
7	导线的跨越				

3. 触点与开关符号

表 1.1.3　触点与开关符号

序号	名称	图形符号	序号	名称	图形符号
1	动合（常开）触点		17	温度控制	
2	动断（常闭）触点		18	压力控制	
3	先断后合的触点		19	制动压力控制	
4	中间断开的双向触点		20	液位控制	
5	一般情况下手动控制		21	凸轮控制	
6	拉拔操作		22	联动开关	
7	旋转操作		23	手动开关的一般符号	
8	推动操作		24	定位（非自动复位）开关	
9	一般机械操作		25	按钮开关	
10	钥匙操作		26	能定位的按钮开关	
11	热执行器操作		27	拉拔开关	
12	热敏开关动断触点		28	旋转、旋钮开关	
13	热敏开关动合触点		29	液位制动开关	
14	热敏自动开关动断触点		30	机油滤清器报警开关	
15	热继电器触点		31	多挡开关、点火、启动开关，瞬时位置为2能自动返回到1（即2挡不能定位）	
16	旋转多挡开关位置		32	节气门开关	

4. 电器元件符号

表 1.1.4 电器元件符号

序号	名称	图形符号	序号	名称	图形符号
1	电阻器		15	NPN 型三极管	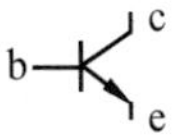
2	可变电阻器		16	PNP 型三极管	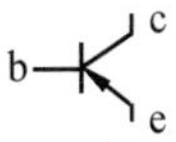
3	热敏电阻器	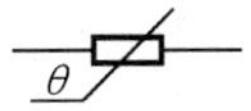	17	电感线圈、绕组、扼流圈	
4	压敏电阻器	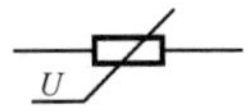	18	带磁性的电感器	
5	滑动触点电阻器	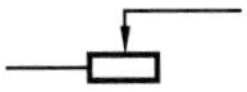	19	熔断器	
6	加热元件、电热塞	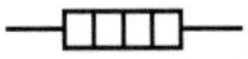	20	易熔线	
7	电容器	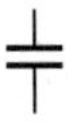	21	电路断路器	
8	可变电容器		22	永久磁铁	
9	电解电容器		23	操作器件一般符号	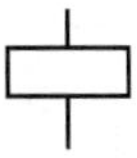
10	半导体整流二极管		24	一个绕组电磁铁	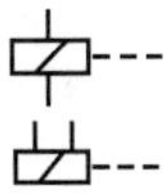
11	稳压二极管		25	两个绕组电磁铁	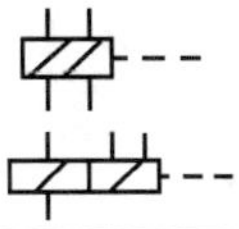
12	发光二极管		26	不同方向绕组电磁铁	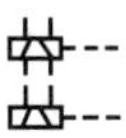
13	光电二极管		27	触点常开的继电器	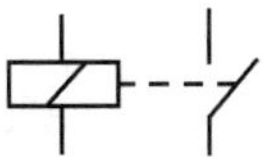
14	具有两个电极的压电晶体		28	触点常闭的继电器	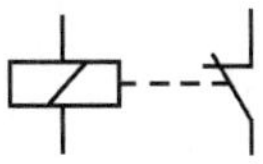

5. 仪表符号

表1.1.5 仪表符号

序号	名称	图形符号	序号	名称	图形符号
1	电压表	Ⓥ	6	温度表	ⓣ°
2	电流表	Ⓐ	7	燃油表	Ⓠ
3	欧姆表	Ⓩ	8	速度表	Ⓥ
4	油压表	ⓄⓅ	9	电钟	🕐
5	转速表	Ⓝ	10	数字式电钟	[🕐]

6. 传感器符号

表1.1.6 传感器符号

序号	名称	图形符号	序号	名称	图形符号
1	温度传感器	—[t°]—	8	空气流量传感器	—[AF]—
2	空气温度传感器	—[t°a]—	9	氧传感器	—[λ]—
3	水温传感器	—[t°w]—	10	爆震传感器	—[K]—
4	燃油表传感器	—[Q]—	11	转速传感器	—[η]—
5	油压表传感器	—[OP]—	12	速度传感器	—[v]—
6	空气质量传感器	—[m]—	13	空气压力传感器	—[AP]—
7	燃油滤清器积水传感器	—[W]—	14	制动压力传感器	—[BR]—

7. 电气设备符号

表 1.1.7 电气设备符号

序号	名称	图形符号	序号	名称	图形符号
1	照明灯、信号灯、仪表灯、指示灯		25	用电动机操纵的怠速调整装置	
2	双丝灯		26	空气调节器	
3	荧光灯		27	传声器一般符号	
4	组合灯		28	点火线圈	
5	预热指示器		29	分电器	
6	电喇叭		30	火花塞	
7	扬声器		31	电压调节器	
8	蜂鸣器		32	串励绕组	
9	报警器、电警笛		33	并励或他励绕组	
10	闪光器		34	集电环或换向器上的电刷	
11	霍尔信号发生器		35	直流电动机	
12	电磁阀一般符号		36	起动机（带电磁开关）	
13	常开电磁阀		37	燃油泵电动机洗涤电动机	
14	常闭电磁阀		38	晶体管电动燃油泵	
15	电磁离合器		39	加热定时器	

续表 1.1.7

序号	名称	图形符号	序号	名称	图形符号
16	加热器(除霜器)	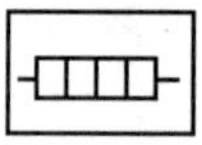	40	点火电子组件	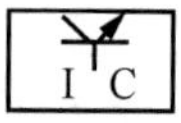
17	稳压器	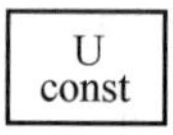 U const	41	风扇电动机	
18	点烟器	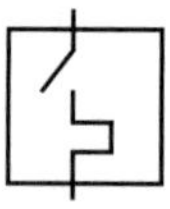	42	刮水电动机	
19	热继电器	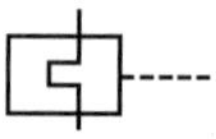	43	天线电动机	
20	间歇刮水继电器		44	定子绕组为星形连接的交流发电机	
21	天线一般符号	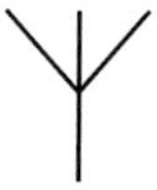	45	定子绕组为三角形连接的交流发电机	
22	发射机	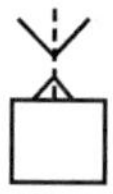	46	外接电压调节器与交流发电机	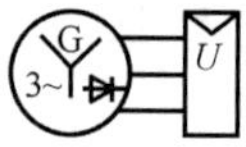
23	收音机		47	整体式交流发电机	
24	收放机		48	蓄电池	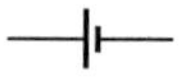

(二)电路元件

1. 汽车导线、插接器及线束

(1)汽车导线、插接器及线束的说明如表 1.1.8 所示。

表 1.1.8 导线、插接器及线束

名称	实物图	说明
普通低压导线		其为铜质多股软线,根据导线外皮绝缘包层材料的不同又分为 QVR 型(聚氯乙烯绝缘包层)和 QFR 型(聚氯乙烯-丁腈复合绝缘包层)两种

续表1.1.8

名称	实物图	说明
起动电缆		起动电缆是带绝缘包层的大截面积铜质或铝质多股软线,连接蓄电池正极与起动机"30"电源端子,横截面积有 25 mm^2、35 mm^2、50 mm^2、70 mm^2 等多种规格,允许电流高达 500~1 000 A。为了保证起动机正常工作并能产生足够的驱动力矩,要求起动线路上每安培电流产生的压降不得超过 0.1~0.15 V。所以,起动电缆的横截面积比普通低压导线的横截面积大得多
搭铁电缆		蓄电池搭铁电缆俗称搭铁线,常用的有两种:一种是铜丝编织成的扁形软铜线,另一种是外形同起动机电缆,覆有绝缘层。搭铁电缆常用于蓄电池与车架、车架与车身、发动机与车架等总成之间的连接。国产汽车常用的搭铁线有 300 mm^2、450 mm^2、600 mm^2、760 mm^2 等四种规格
屏蔽线		屏蔽线又称同轴射频电缆,其作用就是将导线与外界磁场隔离,避免导线受外界磁场的影响而产生干扰。在导线绝缘层中带有金属的纺织网和套装护套。屏蔽线常用于低压弱信号电路,如在氧传感器信号电路、曲轴位置传感器电路中普遍使用
高压导线		高压导线用来传送高压电,由于工作电压很高(一般都在几百伏以上),高压导线绝缘包层很厚,其绝缘材料有全塑料与橡皮之分。新能源汽车根据高压导线的特性,一般以高压电器为中心对高压导线进行划分,可分为电机高压线、电池高压线、充电高压线等
插接器		为了便于接线,汽车线束中各导线端头均焊有接线卡,并在导线与接线卡连接处套以绝缘管,经常拆卸的接线卡一般取开口式,而拆卸机会少的接线卡则常采用闭口式
汽车线束		为了使全车线路不凌乱、安装方便和导线绝缘层不至于损坏,除高压线、收音机天线、蓄电池电缆以外,一般都将同区域的不同规格的导线用棉纱编织成线束或用薄聚氯乙烯带半叠缠绕包扎成线束

汽车电气线路中的导线分低压线和高压线两种。低压线包括普通导线、起动电缆、搭铁电缆、屏蔽线;高压线包括铜芯线和阻尼线。

普通低压导线的截面积主要根据用电设备的工作电流进行选择。然而,对于功率很小的用电设备,不能仅根据工作电流来选择导线,因为有些导线的截面积太小、机械强度较低,容易折断。汽车电气线路中所用的导线截面积最小不得小于 0.5 mm²。我国汽车低压导线的允许负荷电流如表 1.1.9 所示,汽车 12 V 电气系统主要电路导线横截面积的推荐值如表 4.1.10 所示。

表 1.1.9　汽车低压导线允许负荷电流

导线标称横截面积/mm²	允许负荷电流/A
0.5	—
0.8	—
1.0	11
1.5	14
2.5	20
3.0	22
4.0	25
6.0	35
10	50
13	60

表 1.1.10　汽车 12 V 电气系统主要电路导线横截面积的推荐值

电路名称	标准横截面积/mm²
尾灯、顶灯、指示灯、仪表灯、牌照灯、刮水器电动机、时钟等	0.5
转向灯、制动灯、停车灯、分电器等	0.8
前照灯的近光、电喇叭(3 A 以下)等	1.0
前照灯的远光、电喇叭(3 A 以上)等	1.5
其他 5 A 以上的电路	1.5 ~ 4
柴油机电热塞电路	4 ~ 6
电源线	4 ~ 25
起动电路	16 ~ 95

随着汽车电器的增多,导线数量也不断增加。为了便于维修,低压导线常用不同颜色来区分。其中,导线横截面积在 4 mm² 以上的采用单色线,而横截面积在 4 mm² 以下的采用双色线,搭铁线均采用黑色导线。汽车用低压导线的颜色与代码如表 1.1.11 所示。汽车各电气系统的导线主色如表 1.1.12 所示。

表 1.1.11　汽车用低压导线的颜色与代码

导线颜色	代码	导线颜色	代码	导线颜色	代码
黑	B	绿	G	蓝	Bl
白	W	黄	Y	灰	Gr
红	R	棕	Br	橙	O

表 1.1.12　汽车各电气系统的导线主色

序号	系统或部件名称	导线主色	颜色代码
1	电源系统	红	R
2	起动、点火系统	白	W
3	雾灯	蓝	Bl
4	灯光、信号系统	绿	G
5	防空灯及车身内部照明系统	黄	Y
6	仪表、报警系统、喇叭系统	棕	Br
7	收音机、电子钟、点烟器等辅助电气系统	紫	Pu
8	各种辅助电动机及电气操纵系统	灰	Gr
9	搭铁线	黑	B

在汽车电气线路中,导线上一般都标有数字和字母符号,用来表示导线的横截面积和颜色。如 2.0RY、1.0RW 等。其中数字 2.0、1.0 表示导线的横截面积,单位为 mm^2;第一个字母 R 表示导线主色(标准色);第二个字母 Y 或 W 表示导线的辅助颜色,即轴向条纹状或螺旋状的颜色,如图 1.1.2 所示。

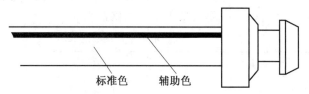

图 1.1.2　汽车导线颜色的识别

高压系统在设计方面,考虑到电磁干扰的因素,整个高压系统均由屏蔽层全部包覆。目前国内车型全部采用屏蔽高压线,日系车也有应用屏蔽网包覆在高压线外侧,插件处处理实现屏蔽连接。同时由于高压已经超出人体安全电压,车身不可像低压系统一样作为整车搭铁点,因此在高压线束系统的设计上,直流高压电回路必须严格执行双轨制。根据高压线束的特性,一般以高压电器为中心对高压线束进行划分,可分为电机高压线、电池高压线、充电高压线等。

电机高压线一般是连接控制器和电机的高压线;电池高压线一般是连接控制器和电池的高压线;充电高压线一般是连接充电机和电池的高压线。

高压线束耐压与耐温等级的性能远高于低压线束等级,国内主机厂通常采用屏蔽高压线,近年来日本主机厂主要采用非屏蔽高压线外包裹屏蔽网工序。屏蔽高压线可减少 EMI、RFI 对整车系统的影响。整条高压线束回路均实现屏蔽连接,电机、控制器及电池等接口高压线束屏蔽层,通过插件等压接结构连接到电池电机控制器壳体,再与车身搭铁连接。高压线的屏蔽对于电缆传导数据不是必需的,但是可减少或避免高压线的辐射。

①耐压性能:常规汽车耐高压额定 600 V,商用车及大巴士电压可高达 1 000 V;
②耐电流性能:根据高压系统部件的电流量,可达 250 ~ 400 A;

③耐温性能:耐高温等级分为125 ℃、150 ℃、200 ℃不等,常规选择150 ℃导线;低温常规-40 ℃。

高压导线的直径设计需要综合考虑以下几方面:
①负载回路的额定电流值;
②电线导体的容许温度;
③线束工作时周围环境的温度;
④导线自身通电时温度上升引起的通电率降低;
⑤成捆线束容许电流的折减系数。

电线容许电流值×环境温度引起的通电率降低×捆扎引起的折减系数>额定电流值。

鉴于环境温度对通电率降低的影响(驾驶室内40 ℃、发动机室80 ℃),导体阻抗的上升需做考虑。因此,电线的耐热温度>环境温度+导体通电时的温度上升。

导线最大稳态温升应不超过额定温度导线绝缘层、插件材料或其他导线涉及的材料。导线安培容量有很多决定因素,如导体尺寸、绝缘材料、绝缘层厚度、环境温度、导线捆绑尺寸、导体材料。

(2)插接器。

插接器由插头与插座两部分构成,通常涂黑表示插头,不涂黑表示插座;有倒角的表示插头插脚呈柱状,直角的表示插头插脚为片状。汽车电路中插接器的表示如表1.1.13所示,每个厂家略有不同,详细资料请参阅厂家维修资料。

表1.1.13 汽车电路中插接器的表示

项目	插头/搭铁	形象图标	内容
端子及插头的表示	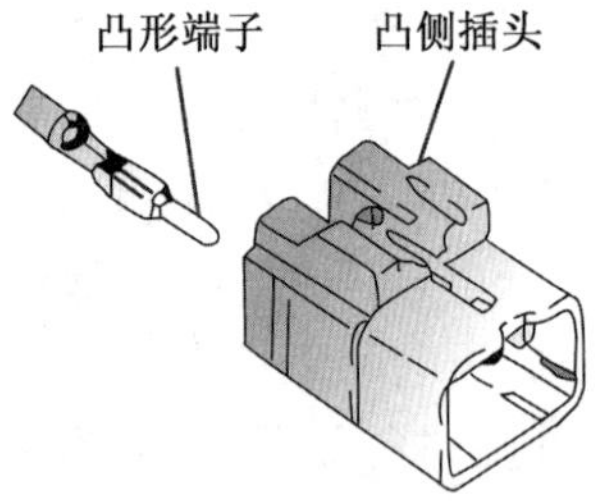 凸形端子  凸侧插头 / 凹形端子 凹侧插头	凸形端子 / 凸侧插头 (1 2 3 4 / 5 6 7 8) / 凹形端子 / 凹侧插头 (1 2 3 4 / 5 6 7 8)	端子的形象图标中,插入的端子叫凸形端子,被插入的端子叫凹形端子,以图示方法表示。此外,装有凸端子的插头叫凸侧插头,装有凹端子的插头叫凹侧插头

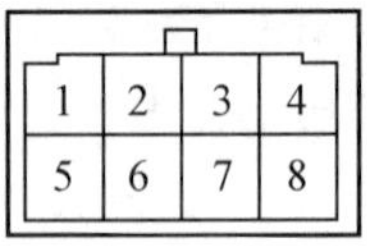

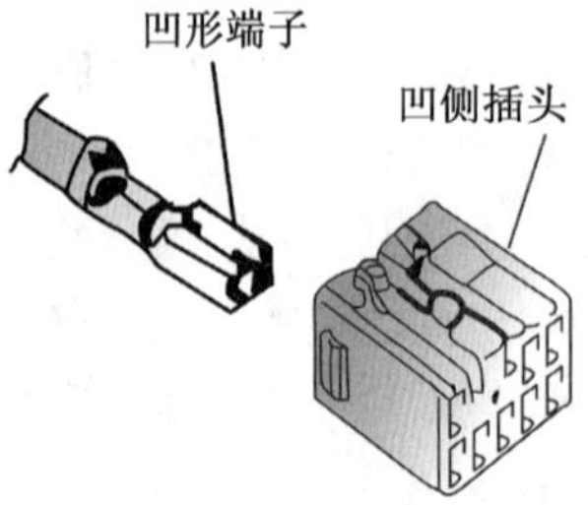

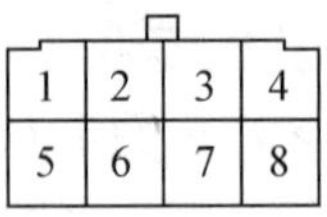

续表 1.1.13

项目	插头/搭铁	形象图标	内容
表示插头形象的符号	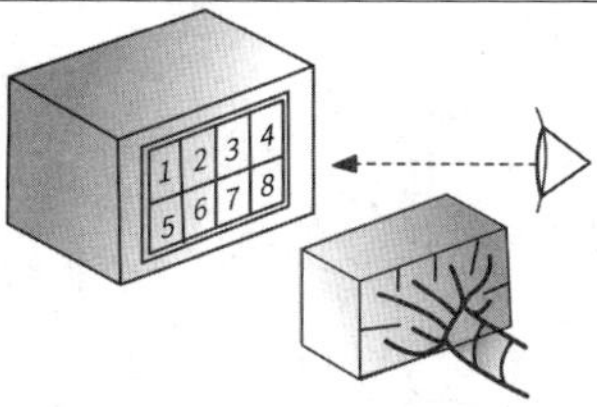 设备	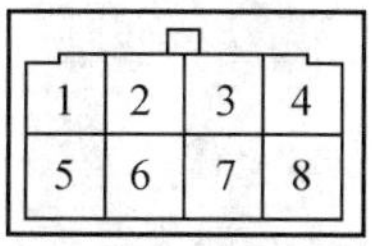 （8孔图标）	与设备的连接采用设备侧插头形象，中间插头采用凸侧插头形象，备用插头及检测用插头因未装设备，所以采用线束侧插头形象分别予以表示
	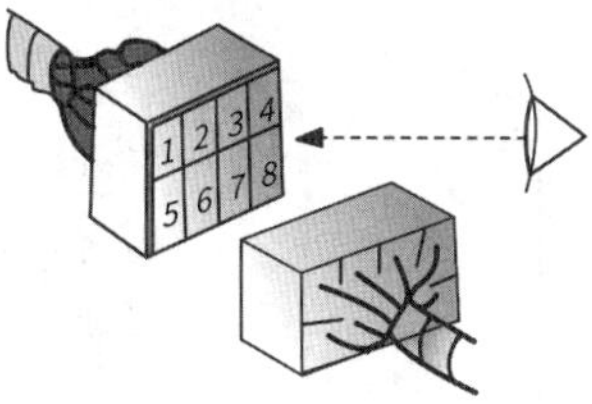 中间插头		
	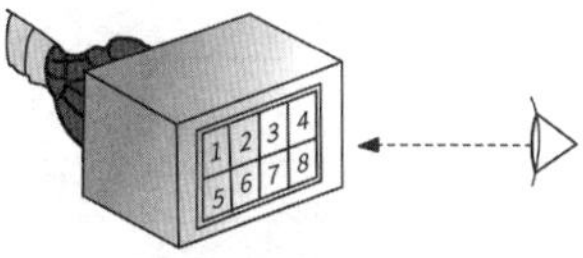 备用插头、检测用插头	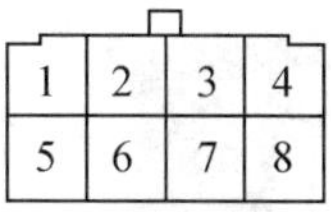 （8孔图标）	
插头连接方式的表示	 直插式	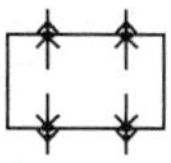 （直插式符号）	与设备和线束侧插头的连接，分为直接插入设备的方式（直插式）和与设备侧线束插头连接的方式（附属线束式），以图示方法表示并代表不同的应用方式
	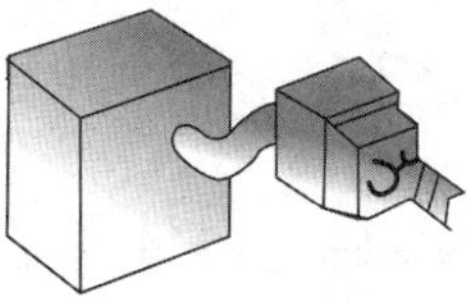 附属线束式	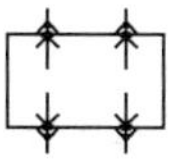 （附属线束式符号）	
	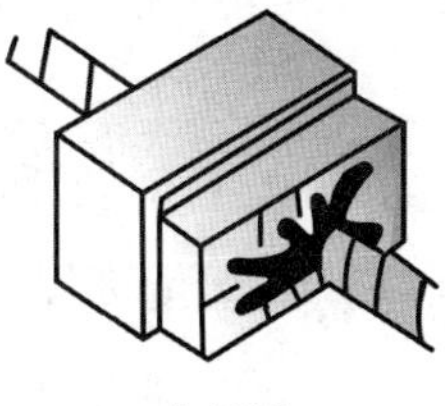 中间插	 （箭头符号）	

续表 1.1.13

项目	插头/搭铁	形象图标	内容
搭铁的表示	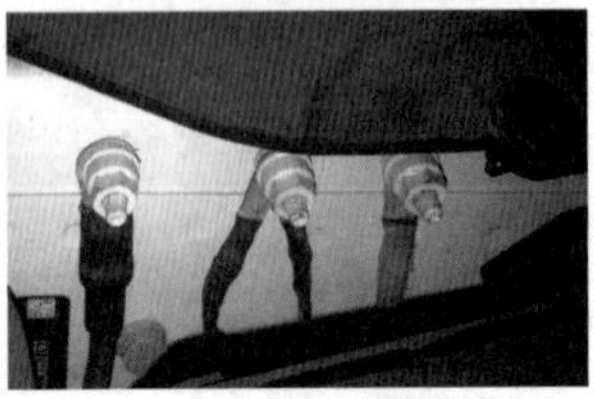 车身搭铁		搭铁方法有车体搭铁、设备搭铁及控制装置内搭铁等,各自以图示方法表示,并代表不同的应用方式
	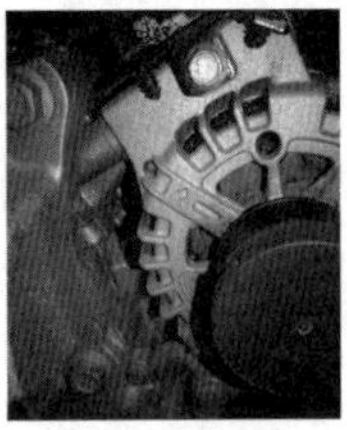 机器搭铁	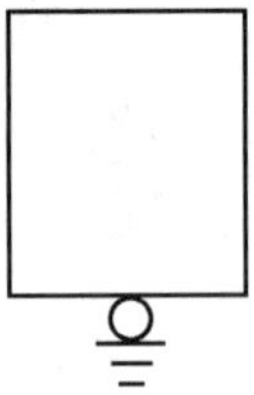	
	 控制装置内搭铁		

(3)汽车线束。

现代汽车的线束总成由导线、导线端子、插接器、护套和熔丝座等组成。导线端子一般由黄铜、纯铜材料制成,它们与导线一般采用冷铆压的方法连接。

2.汽车开关、电路保护器件及继电器

(1)汽车开关。

开关用来控制汽车电路中的用电设备。开关按操作方式可分为手操纵式和脚踏式两种,按结构原理可分为机械开关和电磁开关,按用途可分为点火开关、起动开关、电源开关、灯光开关和小型直流电动机开关等,具体说明如表 1.1.14 所示。

(2)汽车电路保护器件。

电路保护器件用于电路或电气设备发生短路及过载时,自动切断电路,防止线束或电气设备烧坏。汽车上常见的电路保护器件有易熔线、熔断器(俗称保险)及电路断路保护器,具体说明如表 1.1.15 所示。

表 1.1.14　各汽车开关的种类及说明

名称	实物	说明
电源总开关		电源总开关是用来接通或切断蓄电池电路的,其形式有闸刀式和电磁式,其中电磁式较少使用。闸刀式电源总开关一般用于蓄电池搭铁线的控制
点火开关		点火系统的开关(分为钥匙启动和一键启动),可自由开启或关闭点火线圈的主要电路,也适用于其他系统电路
组合开关		为了保证行车安全,操作方便,在汽车电气系统整体结构设计中,多将转向开关、危险报警开关、小灯与大灯开关、变光开关、刮水器开关、洗涤器开关、喇叭开关等组装在一起,又称为组合开关
灯光开关		用来控制前照灯、仪表灯、牌照灯、超车灯及变光、转向信号指示灯等

表 1.1.15　各汽车电路保护器件的种类及说明

名称	实物	说明
熔线		易熔线是一种截面积小于被保护电线截面的、可长时间通过额定电流的铜芯低压导线或合金导线。当电流超过易熔线额定电流数倍时,易熔线首先熔断,以确保线路或电气设备免遭损坏。易熔线常用于保护总电路或大电流电路。易熔线的多股胶合线外面包有聚乙烯护套,比常见导线柔软,一般长度为 50～200 mm,通过插接件接入电路,易熔线一般位于蓄电池和起动机或电气中心之间或附近。易熔线不能绑扎于线束内,也不得被其他物品所包裹
电路断路保护器		电路断路保护器简称断路器(俗称双金属片式保险器),常用于保护电动机等较大容量的电气设备。当电流负荷超过用电设备额定容量时将电路断开的一种可重复使用的电路保护装置

续表 1.1.15

名称	实物	说明
熔断器		熔断器常用于保护局部电路,其限额电流值较小,一般在熔断器上都有标注。熔断器的主要元件是熔丝(片),其材料是锌、锡铅、铜等金属的合金。常见的熔断器按外形可分为熔片式、熔管式、绝缘子式、插片式等
中央控制盒		为便于诊断故障、规范布线,现代汽车常将熔断器、断路保护器、继电器等电路易损件集中布置在一块或几块配电板上,配电板背面用来连接导线,这种配电板及其盖子就组成了中央控制盒

(3)继电器。

车用继电器可分为功能继电器和电路控制继电器两种。闪光继电器、刮水间歇继电器等属于功能继电器。电路控制继电器单纯用于实现电路通断与转换,其作用主要是减小开关的电流负荷,保护开关触点不被烧蚀,即用流经开关的小电流,控制用电装置的大电流。汽车上常见的电路控制继电器有卸荷继电器、前照灯继电器、雾灯继电器、起动继电器、喇叭继电器、鼓风机继电器、空调压缩机电磁离合器继电器等。

继电器按外形分有圆形和方形两种;按插脚分有三脚、四脚、五脚和六脚等。继电器由电磁铁和触点等组成。为防止线圈断电时产生的自感电动势将电子设备损坏,有的继电器磁化线圈两端并联泄放电阻或续流二极管。

根据触点状态的不同,继电器又分为常开(动合触点)型、常闭(动断触点)型和开闭混合型三类,如图 1.1.3 所示。常开型继电器平时触点是断开的,继电器动作后触点接通,接通控制电路。常闭继电器的触点平时是闭合的,继电器动作后触点断开,切断控制电路。混合型继电器触点平时是接通的,常开触点断开。如果继电器线圈通电,则触点处于相反的状态。

有的继电器有两个线圈,称双线圈继电器。双线圈继电器大致有两种类型:一种是两线圈同时通电时触点才动作;另一种是只要有一个线圈通电触点就可以动作。

继电器的工作电压分为 12 V 和 24 V 两种,分别应用于相应标称电压的汽车上。两种标称电压的继电器不能替换使用。JD 系列小型通用继电器的外形、管路排列与内部电路如图 1.1.4 和图 1.1.5 所示。

项目一　新能源汽车电路图识读

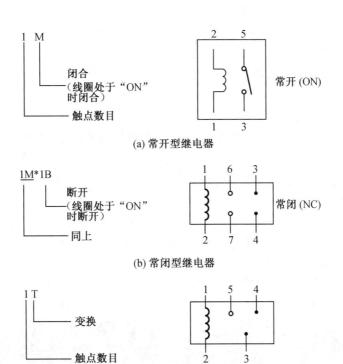

图 1.1.3　继电器的类型

图 1.1.4　JD 系列小型通用继电器的外形

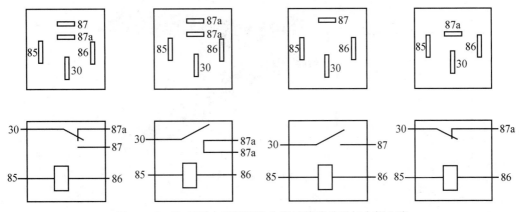

图 1.1.5　JD 系列小型通用继电器的管路排列与内部电路

四、任务实施

(一)汽车电路元件的检修

1. 工作准备

(1)防护装备:常规实训着装。

(2)车辆、台架、总成:线束、导线、继电器、保险丝、吉利帝豪 EV450 纯电动汽车或其他同类新能源汽车。

(3)工量具设备:剥线钳、万用表、电烙铁、焊锡。

2. 导线的检修

(1)剥线。

剥线是维修导线时常做的工作。如果剥线时没有按规定操作,不慎将导线拉长或削去部分线芯,则可能带来严重后果或安全隐患。例如传递信号的导线,如果维修时被拉伸,其电阻就会增加,从而影响信号的传输。剥线时应使用专用剥线钳,对于不同型号的导线要使用剥线钳的不同部位或不同的剥线钳,如图1.1.6和图1.1.7所示。

图1.1.6 过程1　　　　　　图1.1.7 过程2

(2)连接。

维修时,经常会遇到把一根断开的导线或两根导线连接在一起的工作。正确的接线方法是利用专用接线材料和专用接线工具(压线钳)进行连接,如表1.1.16所示。

表1.1.16 导线连接工具步骤

压线钳	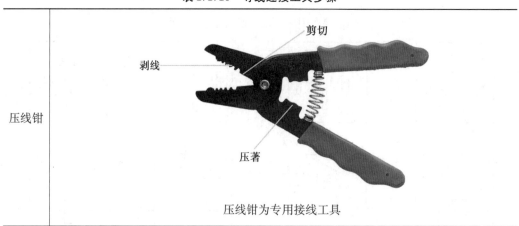
	压线钳为专用接线工具

续表 1.1.16

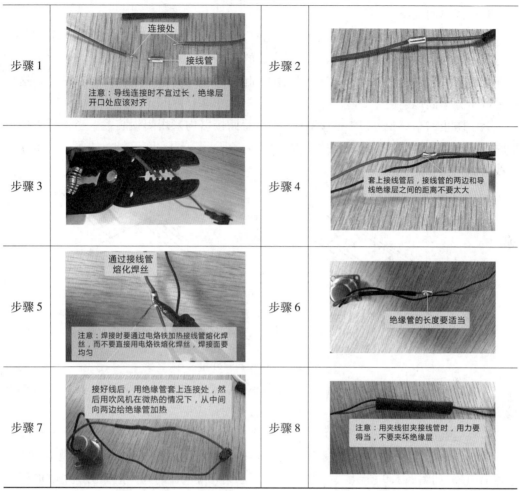

（3）焊接。

焊接是连接导线的基本方式之一。焊接使用的专用工具是电烙铁。根据不同情况，要选取不同功率的电烙铁。

焊接时应注意以下事项：

①焊接时不要直接用电烙铁加热熔化焊接材料，而是通过加热导线接头，同时把焊接材料放到需要焊接的区域，间接熔化焊接材料。因为只有这样，才能使熔化的焊接材料充分和导线熔为一体。否则，因为导线温度比焊接材料低，会造成焊接不牢。

②要确保焊接点在导线的金属头上，而不能在绝缘层上焊接。

③如果用接线夹，要确保焊接材料均匀覆盖夹子。

④不要使用太多焊接材料。要圆滑焊接，不要让焊接材料产生棱角，否则，棱角会刺穿绝缘层，引起漏电或者短路。

⑤不要长时间给导线加热,以免烧毁导线和绝缘层。

⑥维修导线时,一定要断开电源。

3. 插接器的维修

插接器导线端子常因大气侵蚀或电火花而发生蚀损,因机械振动而使导线端子断裂。保持端子接触良好,修复损坏线头是线束维护的基本作业。

插接器接合时,应先将其导向槽重叠在一起,使插头和插孔对准且稍用力插入,这样就可以十分牢固地连接在一起。

为了防止汽车行驶过程中插接器脱开,所有插接器均采用闭锁装置。当要拆下插接器时,应先压下闭锁,然后再将其拉开,如图1.1.8所示。不压下闭锁时,决不可用力猛拉导线,以防止拉坏闭锁或导线。

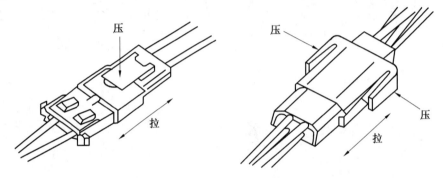

图1.1.8 插接器的拆卸

若发现插头、插座损坏或锈蚀严重,可用小螺钉旋具自插口端伸入撬开锁紧环,拉出线头。对锈蚀严重的线头,用细砂纸打去锈层,若损坏应更换插头、插座。

4. 继电器的检查

诊断继电器故障的主要方法是测试继电器的电路。测试继电器的首要问题是分清继电器的引脚,如图1.1.9所示。一般情况下,厂家会在继电器的外壳上标明继电器的引脚和内部接线图。通过标识可辨别控制电路和负载电路的引脚。

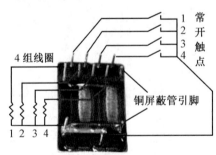

图1.1.9 继电器引脚识别

(1)用欧姆表确定继电器的引脚。

如果厂家没有标明引脚,可以用欧姆表测试确定,如图1.1.10所示(以4引脚继电器为例)。通常控制电路(线圈)两个引脚之间的电阻在 50～120 Ω。如果测试到两个引脚之间的阻值在这个范围内,那么这两个引脚就是控制电路(线圈)的两个引脚。如果控制电路之间的电阻小于 50 Ω,大于 0 Ω,那么要查阅相关资料,确认线圈是否有问题。然后检查另外两个引脚之间的电阻,阻值应该是 0 Ω(常闭继电器)或者无穷大(常开继电器)。

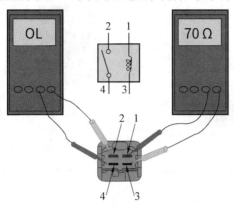

图 1.1.10　用欧姆表确定继电器的引脚

注意:

如果任何两个引脚之间的阻值都不在控制电路(线圈)所标明的范围内,或者所有引脚之间的阻值都是 0 Ω 或无穷大,说明线圈已烧坏,要更换继电器。

确定各个引脚之后,可以将引脚 1 接通电源,将引脚 3 接地。如果在控制电路(线圈)通电的同时,能听到"咔嗒"声,说明线圈良好。此时只能确定线圈良好,还不能判定继电器是否良好,还需要进一步测试另外开关的两个引脚之间的电阻。如果为 0 Ω 或者无穷大,说明继电器良好;如果不是,说明继电器存在高电阻故障。如果在控制电路(线圈)通电的同时听不到"咔嗒"声,说明控制电路(线圈)损坏,要更换继电器。

事实上,实际应用中继电器要复杂得多。许多继电器内部接有二极管和电阻。测试内部有二极管的继电器时要特别注意,不要接反电源的极性,否则,会损坏继电器。测试复杂的继电器时,要参阅相关资料,确认继电器的内部结构,按正确程序测试。

(2)用测试灯检测继电器。

在确定继电器各个引脚的前提下,在引脚 4 上连接一个测试灯(如图 1.1.11),测试灯的另一端接地。按图示方法将控制电路(线圈)通电,会听到"咔嗒"声(如果听不到"咔嗒"声,说明控制电路有问题)。在控制电路产生的磁场作用下,负载电路(开关)被接通,此时测试灯会点亮。切断控制电路的电源后,测试灯熄灭。如果测试灯像上面描述的那样,说明继电器正常,否则需要更换继电器。

(3)用电压表检测继电器。

可以用电压表代替上面步骤中的测试灯。电压表能更准确地测试开关两端的电压,但不足之处和测试灯检测继电器一样,不能很好地确定开关的触点是否有烧坏即高电阻现象。在引脚 4 上连接一个电压表(如图 1.1.12),电压表的另一端接地。按图示方法将控制电路(线圈)通电,会听到"咔嗒"声(如果听不到"咔嗒"声,说明控制电路有问题),在控制电路产生的磁场作用下,负载电路(开关)被接通,此时电压表会显示电源电压。切断控制电路的电源后,电压表显示 0 V。

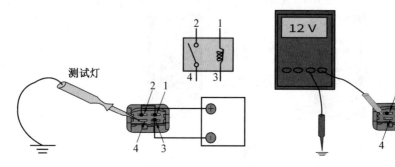

图 1.1.11　用测试灯检测继电器　　　　图 1.1.12　用电压表检测继电器

(二)汽车线束的维护

汽车线束由于直接受到机械振动、颠簸、温变、刮擦的作用及油水的侵蚀,长期使用易使线束包皮损坏、线头断开或接触不良,这就需要检修维护和更换导线、接线头或线束。

1.安装线束时应注意以下事项

①线束应用夹箍或线卡固定,以免松动或磨损。

②线束不可拉得过紧,尤其在拐弯处更应注意,在绕过锐角或穿过金属孔时,应用橡皮或套管保护,否则容易磨坏线束而发生短路、搭铁,并有烧毁全车线束、酿成火灾的危险。

③连接电器时,应根据插接器规格、形状,导线颜色或接头处套管的颜色正确接线。若不易辨别导线的头、尾时,一般可用测试灯区分。

2.线束的拆装

线束在检修前后,应按照要求进行拆装,在拆卸过程中要记下各插接器的连接部位和线束区,装配时按原连接部位装复。各车型的线束都按设计要求包裹好。

任务二　新能源汽车电路图的识图

一、任务引入

有一辆吉利 EV450 电动汽车,客户反映空调不制冷,经过技师检查发现空调电路出现短路,主管把该车的维修任务分配给你,你能通过电路原理图完成这个任务吗?

二、任务要求

知识要求:

1.能够描述新能源汽车电路图的基本组成。

2.能够描述新能源汽车电路元件识别的方法。

能力要求：
能够正确识读新能源汽车电路。
职业素养要求：
1. 严格执行汽车检修规范，养成严谨科学的工作态度。
2. 养成总结训练结果的习惯，为下次训练积累经验。
3. 尊重他人劳动，不窃取他人成果。
4. 养成团结协作的精神。
5. 严格执行5S现场管理。

三、相关知识

（一）汽车电路图形符号

汽车上用电设备数量较多，用各电器元件的结构图来表示汽车电路非常复杂。因此，通常用符号表示各电器元件，并用导线将电器元件按照一定的规律连接起来，形成汽车的电路图。

汽车电路中常用的图形符号有电路图形符号和仪表、开关、指示灯标志图形符号。所有的汽车电路图均是由线条、图形符号和文字来表示的，它们遵守一定的规则和约定，但各种车型由于产地和厂家的不同，而在图中采用了一些特定记号，学习和掌握汽车线路的基本标注方法，有助于正确判别接点标记、线型（规格截面）、色码标志等代码信息。长沙汽车电器研究所推荐使用的汽车电路图形符号，简明扼要，含义准确，比较标准和规范，目前在汽车电路图中得到了广泛的应用。

具体的电路图形符号和仪表、开关、指示灯标志图形符号的含义可以参阅相关资料。

（二）新能源汽车电路图的识图方法

1. 汽车电路的表达方法

（1）由集中到分散。

汽车电路的特点之一就是采用了并联单线制的接法，这意味着局部电路之间相互独立（各系独立）。因此，读图的第一步就是将局部电路从全车电路中分离出来。

（2）汽车电路配线的基本规律。

汽车电器线束连接三大中心，分别为中央配线盒、仪表接线盒和开关。中央配线盒（熔断器与继电器盒）是所有电器的电源接线源头。仪表接线盒几乎是所有电器的电源接线终点。开关不仅是线束的中心，还是各局部电路的控制核心，开关的功能反映了局部电路的主要功能。总之，电路分析要抓住开关的核心作用。

（3）控制对象的回路。

电路读图的目的是找出正确的回路，确定回路中的导线、插座、熔断器、继电器及各种元件，从而分析故障点。控制对象的回路电流由正极到负极，由电源到搭铁点。规范的汽车电路原理图自上而下。继电器电路要分别分析控制回路和开关回路。

2. 汽车电路图识读原则和方法

（1）善于化整为零。

一般情况下，一个完整的电路图很复杂，化整体为部分，可以有重点地进行分析。此外，各单元电路有自身的一些特点，以其特点为指导去分析电路就会减少盲目性。例如，汽车电路按功能分一般由电源系统、起动系统、点火系统、照明及信号系统、仪表与警告系统、空调系统、音响系统及附属系统等八大系统组成,在分析电路的时候将每个系统独立分析,就很容易读懂。

(2)仔细阅读图注。

对照图注熟悉元件的名称、位置、在全车电路中的数量、接线数量,哪些是常见元件,哪些是新颖、独特、复杂的元件。只要认真去做,就可以初步了解一大半电路特点,同时也能较快地发现整车电路的重点与难点。有利于在读图中抓住重点。

(3)熟悉电器元件及配线。

清楚电路所包含的电器设备种类,在分析某个电路系统时,要清楚该电路中所包含的各部件的功能、作用和技术参数等。

现代汽车的线路如同人的神经一样分布在各个区域,而线路中的配线插接器、接线盒、继电器、搭铁点等如同神经的"节点"。因此,熟悉这些电器元件在电路图中的表示符号、位置、连接方式及内部电路,对阅读汽车电路图会有很大帮助。因此,在阅读接线图时,要正确判断接点标记、线型和色码标志。需指出的是标记颜色的字母因母语不同而有区别,美国、日本及我国采用英文字母;德国采用德语字母。

(4)注意开关和继电器。

开关是控制电路通断的关键。通常按操纵开关的功能及不同工作状态来分析电路的工作原理。例如点火系统供电电路,点火开关应处于点火挡或起动挡。在标准画法的电路图中,开关总是处于零位,即开关处于断开状态,电子开关的状态则视具体情形而定。这里所说的电子开关主要包括晶体管及晶闸管等具有开关特性的电子元件。

在一些复杂电路控制中,一个主开关往往汇集许多导线,分析汽车电路时应注意以下几个问题。

①蓄电池(或发电机)的电流是通过什么路径到达这个开关的熔断器,这个开关是手动还是电控的。

②这个开关控制哪些用电器,每个被控电器的作用是什么。

③开关的许多接线柱中,哪些是直通电源的,哪些是接用电器的,接线柱旁是否有接线符号,这些符号是否常见。

④开关共有几个挡位,在每一挡中,哪些接线柱有电,哪些无电。

⑤在被控的用电器中,哪些电器应经常接通,哪些应短暂接通,哪些应先接通,哪些应后接通,哪些应当单独工作,哪些应当同时工作,哪些电器不允许同时接通。

(5)分清控制电路和工作电路。

现代汽车电路中经常采用各种继电器对一些复杂电路进行控制。了解继电器的工作状态,特别是一些电子继电器的工作状态,对分析电路会大有帮助。阅读电路图时,可以把含有线圈和触点的继电器,看成是线圈工作的控制电路和触点工作的主电路两部分。主电路中的触点只有在线圈电路中有工作电流流过后才能动作。一般电路图中所画为继电器线圈处于失电状态。

(6)牢记回路原则。

在阅读电路图时,应掌握回路原则,即电路中工作电流是由电源正极流出,经用电设备后流回电源负极;电路中只有当电流流过用电设备时,用电设备才能工作。其主要关键在于通过查看电源线和搭铁线,了解一个电路的基本构成,根据回路原则看哪些元件共用一根线找出电路的内在联系和规律。

(7) 抓住汽车电路的几条主干线。

因为汽车电路有单线制、电器相互并联、负极搭铁这样一个共性,加上某些电器开关在电路中的控制作用,一般可以分成几条主干线,在每条主干线上都接有相应的支路熔断器及支路用电器。抓住这几条主干线,对于查找电路,常有事半功倍的效果。

3. 汽车电路图识读

现代汽车电路图的种类繁多,因车型不同存在一定差别,但仍可根据其特点和用途划分为接线图、线束图、原理框图和原理图等类型。

(1) 接线图。

接线图是一种专门用来标记接线与连接器的实际位置、色码和线型等信息的指示图,又称敷线图,体现了汽车电气实际的情况。接线图专门用于检修时查询线束走向、线路故障,并在线路复原时使用,并不涉及所连接电器的工作原理及型号。虽然接线图中的导线以接近于线束的形式从相应的连接点引出,便于维修时按线、按色查找线路故障,但不便于进行电路分析。许多车型中所附的电气线路图都是接线图,因此掌握接线图的读法和分析方法,对线路故障的查询会有很大帮助。接线图可以是整车电路的接线图,也可以是各系统的接线图,如图 1.2.1 所示。

(2) 线束图。

线束图属于安装图,是根据电气设备在汽车上的实际安装位置、线束分段及各分支导线端口的具体连接情况绘制的电路图。线束图注重表达的是已制成的线束外形,组成线束的各导线的规格大小、长度和颜色,突出接线端的序号及各分支端口所连接的电气设备的名称等,便于安装、配线、检测与维修。线束图与布线图相似,但更加简洁明了,接近实际,对使用、维修人员而言实用性更强,如图 1.2.2 所示。

(3) 原理框图。

汽车电气原理框图是表示汽车电气系统及其分系统、装置、部件中各项目的基本组成和相互关系的简图,如图 1.2.3 所示。一般采用方框和连线来表示比较复杂的电子电路工作原理和构成概况,将电路按照功能划分为几个部分,每一个部分用方框来描绘,在方框中用文字简单说明,方框与方框之间用连线来说明各方框之间的联系。

(4) 原理图。

汽车电气原理图是最常用的电路图,用规定的汽车电气图形符号、文字符号,按工作特点或功能布局绘制,用来表明电气设备的工作原理及各电器元件的作用,以及它们之间的关系。它可以是各系统的电路原理图(此时多为详图),如图 1.2.4 所示为帝豪 EV450 电机及控制器原理图。汽车电气原理图一般由主电路、控制电路、保护及配电电路等部分组成,电流走向清晰,线路布局合理,各系统与元件是依据工作原理与互相关联来布局的,各系统相对独立,简洁清楚,便于识读,为分析、查找、排除故障提供了依据。

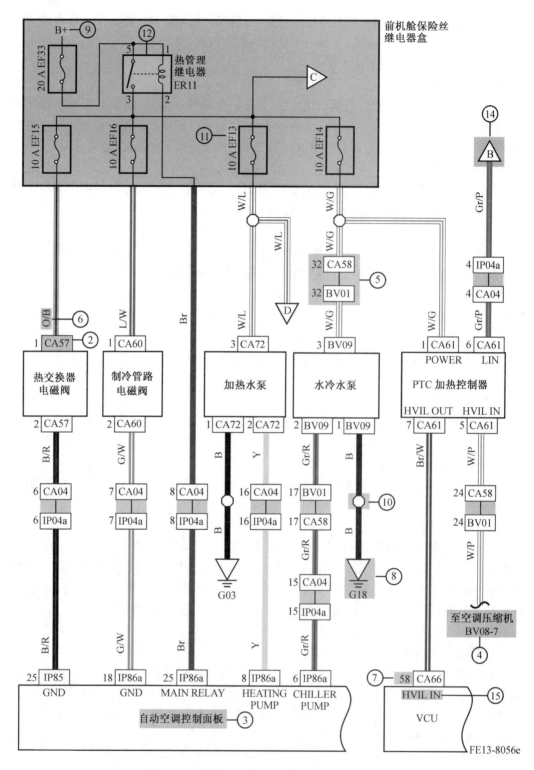

图 1.2.1 帝豪 EV450 自动空调系统部分接线图

项目一　新能源汽车电路图识读

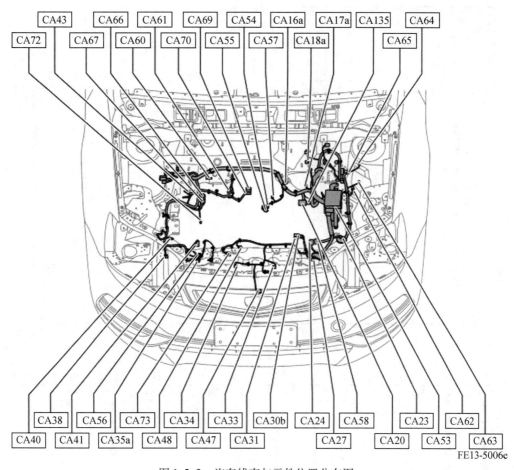

图1.2.2　汽车线束与元件位置分布图

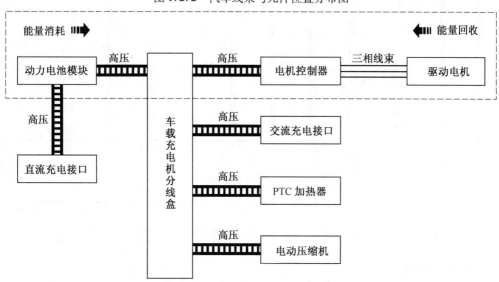

图1.2.3　帝豪EV450高压配电系统原理框图

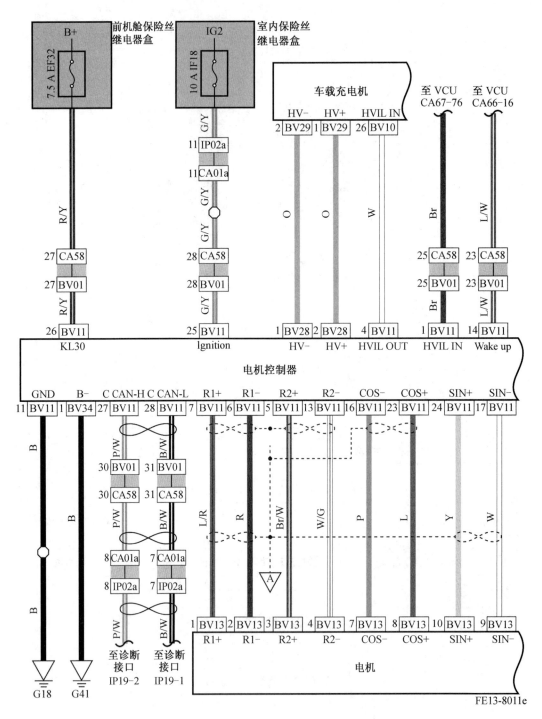

图 1.2.4　帝豪 EV450 电机及控制器原理图

四、任务实施

吉利帝豪 EV450 电路图识读,吉利帝豪 EV450 电路图如图 1.2.5 和图 1.2.6 所示。

项目一 新能源汽车电路图识读

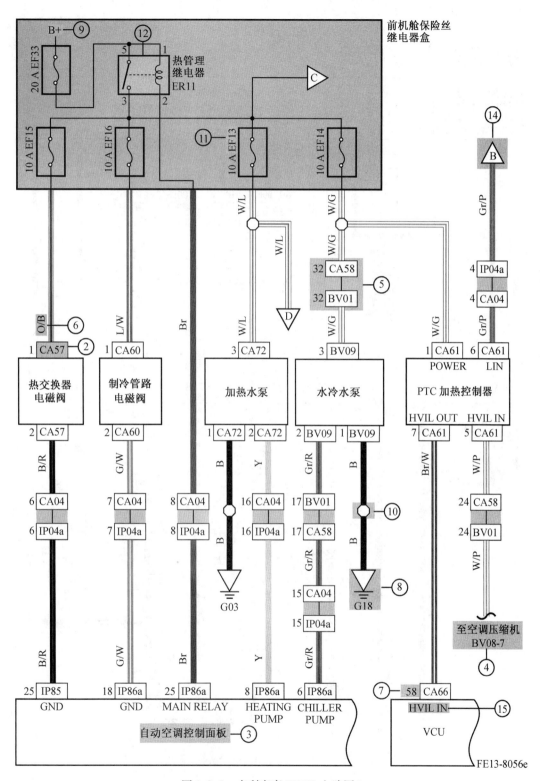

图 1.2.5 吉利帝豪 EV450 电路图 1

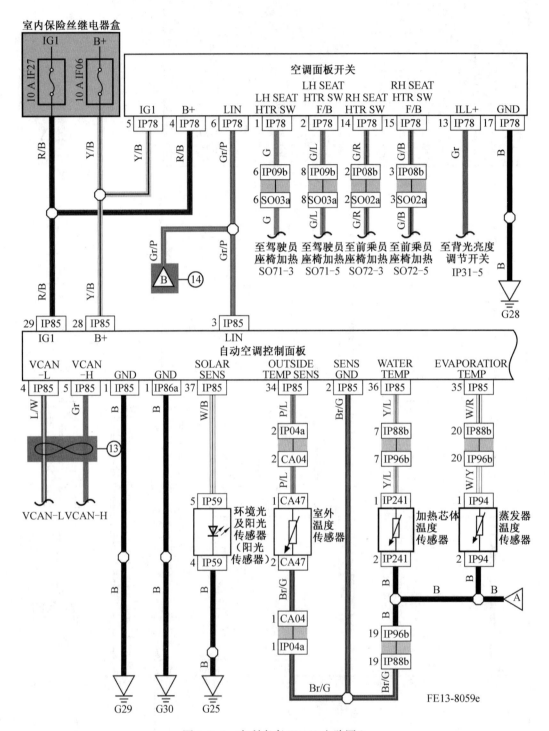

图1.2.6 吉利帝豪EV450电路图2

电路图中各标号释义如下:
①系统名称。
②线束插接器编号。吉利车系电路图的线束插接器的编号规则以线束为基准,例如发动机舱线束中的发动机控制模块线束插接器编号为 CA08,其中 CA 为线束编码,08 为插接器序列号,如表 1.2.1 所示。

表 1.2.1　各代码代表的线束

代码	名称	代码	名称
CA	发动机舱线束	SO	底板线束
BV	动力线束	DR	门线束
IP	仪表线束	RF	顶棚线束

③部件名称。
④显示此电路连接的相关系统信息。
⑤插头间连接采用细实线表示,并用灰色阴影覆盖,用于与物理线束进行区别。物理线束用粗实线表示,颜色与实际导线颜色一致。
⑥表示导线颜色,颜色代码如表 1.2.2 所示。

表 1.2.2　颜色代码

颜色代码	导线颜色	颜色代码	导线颜色
B	黑色	O	橙色
Gr	灰色	W	白色
Br	棕色	V	紫色
L	蓝色	P	粉色
G	绿色	Lg	浅绿色
R	红色	C	浅蓝色
Y	黄色		

如果导线为双色线,则第一个字母表示导线底色,第二个字母表示条纹色,中间用"/"分割。
例如:标注为 G/B 的导线即为绿色底黑色条纹。
⑦表示插接器的端子编号,注意相互插接的线束插接器端子编号顺序互为镜像,如图 1.2.7 所示。

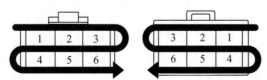

图 1.2.7　插接器的端子编号

⑧接地编号,以 G 开头的序列编号标识。
⑨供电类型。
⑩导线节点的表示方法,如图 1.2.8 所示。

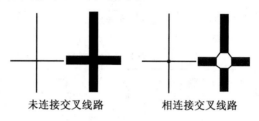

图 1.2.8　导线节点

⑪熔丝编号由熔丝代码和序列号组成,位于发动机舱的熔丝代码为 EF,室内熔丝代码为 IF。

⑫继电器编号,用单个字母标识。

⑬表示此电路为双绞线(电路线与线之间使用 8 字形标识),主要用于传感器的信号电路或数据通信电路,如图 1.2.9 所示。

图 1.2.9　双绞线电路

⑭线路多页标识。如果一个系统内容过多,线路需要多页表示时,线路起点用 ■▷A 表示,线路到达终点则用 ■▷ 表示;如一张图中有一条以上的线路转入下页,则分别以 B、C 等字母表示,以此类推,如图 1.2.10 所示。

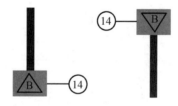

图 1.2.10　线路多页标识

项目二　新能源汽车电源系统的检修

项目描述

本项目有两个学习任务,分别是:任务一新能源汽车电源系统的认知;任务二新能源汽车电源系统的检修。

通过两个任务的学习,熟悉新能源汽车 12 V 电源系统的作用以及结构组成,掌握 12 V 电源系统相关部件的检修方法。

任务一　新能源汽车电源系统的认知

一、任务引入

近几年,新能源汽车市场迅速崛起,有人说,既然纯电动汽车上有动力蓄电池,那就没必要再装传统汽车的 12 V 低压蓄电池,你认为他说得对吗?

二、任务要求

知识要求:
1. 能够描述电动汽车对动力蓄电池的性能要求。
2. 能够了解电动汽车常用动力蓄电池种类。
3. 知道 DC/DC 转换器的功能与工作原理。
4. 能够描述吉利帝豪 EV450 动力蓄电池系统。

技能要求:
1. 能够介绍新能源汽车 12 V 电源系统的特点与组成部件。
2. 能进行吉利帝豪 EV450 的蓄电池拆装。

职业素养要求:
1. 严格执行汽车检修规范,养成严谨科学的工作态度。
2. 养成总结训练结果的习惯,为下次训练积累经验。
3. 尊重他人劳动,不窃取他人成果。
4. 养成团结协作的精神。
5. 严格执行 5S 现场管理。

三、相关知识

（一）电动汽车电源系统概述

传统的燃油汽车的电源是蓄电池和发电机，发动机未起动或起动时由蓄电池供电，起动以后则由发电机供电，同时为蓄电池充电。

电动汽车的电源分为主电源和辅助电源。主电源为驱动汽车行驶的高压电源也就是动力蓄电池；辅助电源（即辅助蓄电池——低压的铅蓄电池）是为车载各种仪表、控制系统提供的直流低压电源。电动汽车电源模块是整个系统稳定运行的保障。电源的可靠性对于整个系统的性能起着至关重要的作用。

传统燃油汽车的交流发电机利用发动机的旋转发电，发出的电提供给用电器并为蓄电池充电。混合动力汽车及电动汽车采用 DC/DC 变换器之后，可省去交流发电机。电动汽车的动力蓄电池容量很大。因此，以动力蓄电池为电源，能够利用 DC/DC 变换器为低压蓄电池充电，从而可以省去原来的交流发电机，如图 2.1.1 所示。

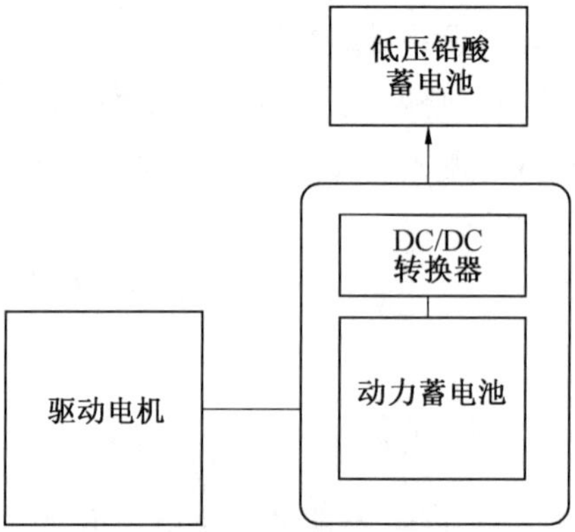

（二）电动汽车对动力蓄电池的性能要求

1. 高比能量

存储相同的电量，比能量高的电池，其质量和体积就会越小，对电动汽车的发展有利。

图 2.1.1 DC/DC 转换器为蓄电池充电

2. 高比功率

比功率是指单位质量或体积的电池存储或放出的功率，决定着电动汽车的动力性能，对汽车最大车速以及爬坡能力都有很大的影响。

3. 安全可靠

安全可靠是电动汽车对动力蓄电池的基本要求，能否安全可靠地使用电池直接关系着驾驶人员的人身安全。

4. 较长的使用寿命

电池的使用寿命直接关系着电动汽车的应用及市场化程度，如果使用寿命太短，将无法适应电动汽车的发展。

5. 充电技术成熟

电动汽车的发展使得快速充电成了必然要求，动力蓄电池除了能常规充电外，还要具有快速充电的能力，以适应现在的快节奏生活。

6. 价格合适

电动汽车一般需要几百节电池，如果动力蓄电池的价格过于昂贵，将会加大电动汽车的成本，使得电动汽车的价格大幅提升，影响电动汽车的市场份额。

（三）电动汽车常用动力蓄电池种类

1. 铅酸蓄电池

铅酸蓄电池是一种电化学储能电池，是目前性能相对比较成熟的电动汽车动力蓄电池。其通过两个电极的化学反应来存储能量，正极采用二氧化铅，负极采用海绵状的铅，电解液采用稀硫酸溶液,单节电池的基本电压为2 V。铅酸蓄电池具有安全性能好、成本低的优点,但其质量大、容量小、含有重金属铅,容易对环境造成污染。

2. 镍金属电池

电动汽车所使用的镍金属电池有镍镉电池、镍氢电池两种,两种电池皆是储能的碱性蓄电池,单节电池电压为1.2 V,且电池正极皆为氢氧化镍。镍镉电池的负极为金属镉,电解质为氢氧化钠溶液。单体电池电压较低,具有高比能量、质量轻、寿命长的特点,能够进行深度放电。但是金属镉具有毒性,容易对环境造成污染,所以发达国家已经禁止使用此类电池。

3. 锂离子蓄电池

锂离子蓄电池也是一种储能电池,具有能量密度大、自放电小、平均输出电压高、无记忆效应、使用寿命长、工作温度范围宽、绿色环保等优点,单体电池电压更是达到3 V以上,因此在许多方面都得到应用,更被广泛应用于电动汽车。相同质量的电池组,电动汽车可以携带数量更多的锂离子蓄电池,使其拥有更高的容量,行驶更远的里程。但是锂离子蓄电池也存在一定的缺陷,其生产成本高,材料的稳定性较差,使用时需要合理管理,以防危险事故的发生。

蓄电池能在短时间内向空调、刮水器及车灯等释放大电流。如果省去蓄电池而将高压动力蓄电池的电力用于空调及刮水器等,DC/DC 转换器的尺寸势必就要增大,从而使整车成本增加,蓄电池价格便宜,因此,目前将蓄电池取消在成本上没有优势。

蓄电池还具有确保向辅助类电器供电的冗余度的作用。DC/DC 转换器出现故障停止供电时,如果没有蓄电池,辅助类电器就会立即停止运行。如夜间车灯不亮、雨天刮水器停止运行等,将会影响驾驶。如果有蓄电池,便能够将汽车就近开到家里或者工厂。

(四) DC/DC 转换器的功能与工作原理

1. DC/DC 转换器的功能

如前所述,DC/DC 转换器是新能源汽车一个非常重要的部件。DC/DC 到底是什么呢?将一个不受控制的输入直流电压转换成为另一个受控的输出直流电压,称为 DC/DC 转换。目前,DC/DC 转换器在计算机、航空、航天、水下航行器、汽车、通信及电视等领域得到了广泛的应用,同时这些应用也促进了 DC/DC 转换技术的进一步发展。DC/DC 转换器,如图 2.1.2 所示。

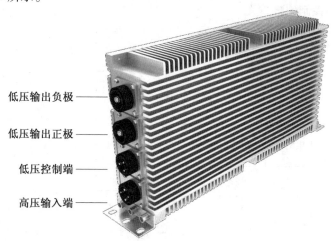

图 2.1.2 DC/DC 转换器

DC/DC 转换器在汽车上的应用可以这么理解,在传统的燃油汽车中,发动机装上发电机给车上的设备供电,那么新能源汽车中的 DC/DC 转换器就是取代了传统燃油汽车中的发电机,将动力蓄电池的高压直流电转化为整车低压 12 V 直流电,给整车用电系统供电及为铅酸蓄电池充电。

以下以吉利帝豪 EV450 纯动力汽车和插电式混合动力电动汽车为例,介绍 DC/DC 转换器的功能。吉利帝豪 EV450 DC/DC 转换器与电机控制系统安装在一起,如图 2.1.3 所示。

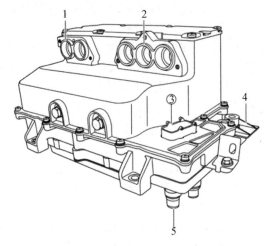

图 2.1.3　吉利帝豪 EV450 DC/DC 转换器位置(与电机控制系统一体)
1—高压线束接口;2—驱动电机三相线束接口;3—低压信号接口;
4—低压充电(DC/DC)接口;5—冷却管口

(1)在纯电模式下,DC/DC 转换器的功能替代了传统燃油汽车挂接在发动机上的 12 V 发电机,与蓄电池并联给各用电设备提供低压电源。DC/DC 转换器在高压(500 V)输入端接触器吸合后便开始工作,输出电压标称 13.5 V。

(2)对于插电式混合动力电动汽车比亚迪来说,发动机原地起动,发电机发出 13.5 V 直流电,经过 DC/DC 升压转换成 500 V 直流电给动力蓄电池包充电。如图 2.1.4 是 DC/DC 转换器的控制原理框图。

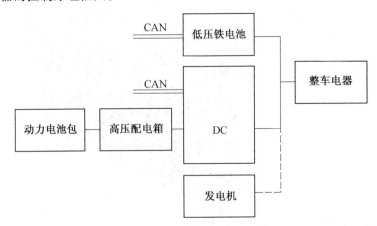

图 2.1.4　比亚迪 DC/DC 转换器控制原理框图

2. DC/DC 转换器的类型

根据不同的分类方法,DC/DC 被分为不同的种类,常见的分类方法有如下四种:

(1)根据 DC/DC 的拓扑结构分为正激型、反激型、升压型、降压型、升/降压型、反相型、推挽式正激型、半桥式正激型、全桥式正激型。

(2)根据开关控制方式分为脉宽调制式 PWM(Pulse Width Modulation)、脉冲频率调制式 PFM(Pulse Frequency Modulation)及脉宽、频率混合调制式"硬开关电路"、电压或零电流"软开关"PWM 电路和各种谐振式、准谐振式变换器等。

(3)根据负极与车身绝缘与否,DC/DC 变换器分为非绝缘型和绝缘型两类,非绝缘型的特点是负极与车身相连;绝缘型的特点是负极与车身绝缘。

(4)根据功率变换器的特点可分为电压源变换器、电流源变换器和 Z 源变换器三类。

电压源变换器和电流源变换器是传统的 DC/DC,Z 源变换器是一种新型变换器,它引进了一个阻抗变换,将主变换器电路与电源或负载耦合,其电源既可以为电压源也可以为电流源。Z 源变换器的直流电源可以是任意的,如电池、二极管整流器、晶闸管变流器、燃料电池堆、电感、电容器或它们的组合。

3. DC/DC 的工作原理

(1)PWM 和 PFM 法。

DC/DC 变换器也称为斩波器,通过对电力电子器件的通断控制,将直流电压断续地加到负载上,通过改变占空比改变输出电压平均值。其基本原理如图 2.1.5 所示。U_d 为直流电源的电压,R 为电路电阻;开关 K 断开时,输出电压等于 0,开关 K 导通时,输出电压等于 U_d,K 导通和断开时输出端电压随时间的变化如图 2.1.5(b)所示,输出电压的平均值为 U_o。

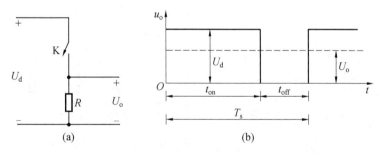

图 2.1.5 基本的 DC/DC 变换器和它的输出波形

若用 T_s 表示开关周期,t_{on} 表示开关导通时间,$D(=t_{on}/T)$ 表示开关占空比,则输出电压的平均值

$$U_o = U_d \cdot t_{on}/T_s = D \cdot U_d$$

由此可见,保持 T_s 不变,改变开关导通时间 t_{on} 即可改变 U_o,此种方法通常称之为脉宽调制 PWM 法;若保持开关导通时间 t_{on} 不变,改变开关周期 T_s,同样也可改变 U_o,此种方法通常称之为脉冲频率调制式 PFM 法。PWM 和 PFM 法是 DC/DC 最常用的两种方法。

(2)降压型变换器。

降压型 DC/DC 变换器电路原理图如图 2.1.6 所示,降压型变换器在开关 K 导通时,就会有电流流过电感 L,使能量储存在电感上,而当开关断开时电感上的能量会释放到负载上以维持电压输出。降压型 DC/DC 输出电压的高低与开关 K 的工作周期大小以及每个周期中开关导通时间 t_{on} 和断开时间 t_{off} 的长短有关。开关导通和断开时的电感元件上的电压 U_L 和电流 L_L 的变换如图 2.1.7 所示，负载 R_L 的平均电流为 I_0，电压为 $I_0 \cdot R_L$，低于输入电压 U_d。

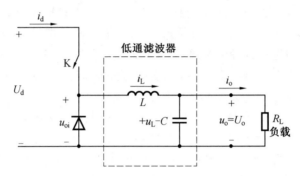

图 2.1.6　降压型 DC/DC 变换器电路原理图

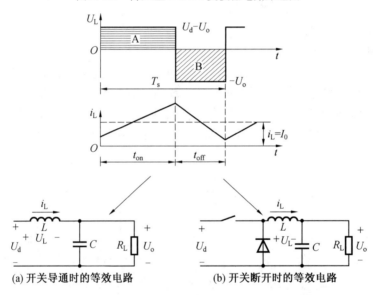

图 2.1.7　降压型 DC/DC 开关导通和关闭时的等效电路

实际降压型 DC/DC 中通常用 MOSFET 等替代图 2.1.5 中开关 K，并且用控制电路控制 MOSFET 的导通与断开，其电路组成如图 2.1.8 所示。为了达到所需的电压值，通常采用回馈电路把输出电压反馈到控制电路，并和参考电压作比较，以决定 MOSFET（如图 2.1.8 中 S_1）的工作周期大小或开关导通时间 t_{on} 和断开时间 t_{off} 的长短，得到稳定的输出直流。

(3) 升压型变换器。

升压型变换器和降压型变换器所使用的组件种类相同，升压型 DC/DC 的原理如图 2.1.9 所示。

升压型变换器在开关 K 导通时，就会有电流流过电感 L 使能量储存在电感上，而当开关 K 断开时，由于楞次效应，电感电压反向，而且加上输入电压 U_d 通过二极管 VD 构成回路，使输出电压 U_0 大于输入电压 U_d。升压型 DC/DC 输出电压的高低与开关 K 的工作

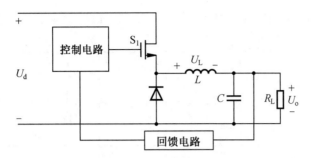

图 2.1.8 降压型 DC/DC 变换器电路简图

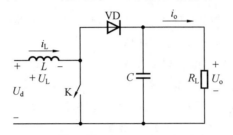

图 2.1.9 升压型 DC/DC 的电路原理

周期大小以及每个周期中开关导通时间 t_{on} 和断开时间 t_{off} 的长短有关。开关导通和断开时的电感元件上的电压 U_L 和电流 L_L 的变换如图 2.1.10 所示,负载 R_L 上的平均电流为 I_0,电压为 $I_0 \cdot R_L$,高于输入电压 U_d。

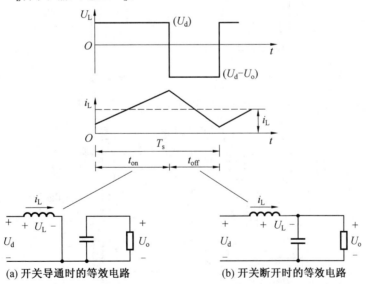

图 2.1.10 升压型 DC/DC 开关导通和关闭时的等效电路

实际的升压型变换器也是借助 MOSFET 的导通周期的大小或导通时间 t_{on} 和断开时间 t_{off} 的长短来控制输出电压的高低。升压型 DC/DC 中通常用 MOSFET 等替代图 2.1.5 中开关 K,并且用控制电路控制 MOSFET 的导通与断开,其电路组成如图 2.1.11 所示。为了达到所需的电压值,通常采用回馈电路把输出电压反馈到控制电路,并和参考电压作比较,以决定 MOSFET(如图 2.1.11 中的 S_1)的工作周期大小,得到稳定的输出直流。

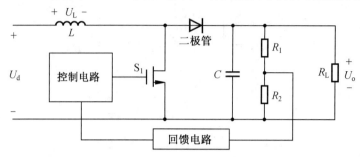

图 2.1.11　升压型 DC/DC 变换器电路简图

(4)非绝缘型和绝缘型 DC/DC 变换器。

非绝缘型和绝缘型 DC/DC 的特点分别是系统的零线与车身相接和断开(绝缘),图 2.1.12 和图 2.1.13 分别是主电源给辅助电源供电用的非绝缘型和绝缘型 DC/DC 变换器的电路原理示意图,其区别是辅助电源的负极是否绝缘。

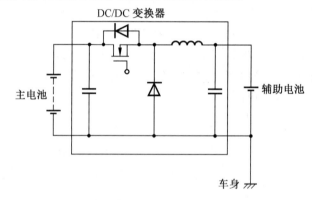

图 2.1.12　非绝缘型 DC/DC 变换器工作原理和功能

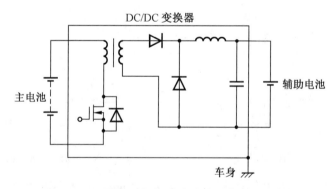

图 2.1.13　绝缘型 DC/DC 变换器工作原理和功能

(5)升(降)压型双向 DC/DC 变换器。

图 2.1.14 是丰田汽车公司的 THS Ⅱ 混合动力系统使用的升(降)压型双向 DC/DC 变换器的原理示意图,其主要组成是用于降压的 IGBT 开关型 S_{buck}、用于升压的开关型 S_{boost}、感性滤波元件和容性滤波元件等。该变换器也被称为两象限双向断路器(Twoquadrant bi-directional chopper),其两端分别与动力电池和其他设备连接。升(降)压型双向 DC/DC 变换器的原理通过周期性地控制流过感应器电流的时间来实现想要得到的输出和输入电流之间的关系。

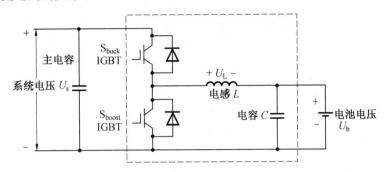

图 2.1.14　THSⅡ混合动力系统使用的升(降)压型双向 DC/DC 变换器的原理示意图

假定 D 为占空比,即开关关闭的时间与开关周期之比;T_0 为在一个周期 T 内开关关闭的总时间,L 为开关打开的时间。则有

$$D = \frac{T_0}{T_0 + T_1} = \frac{T_0}{T}$$

升压时的原理如图 2.1.15 所示,S_{buck} IGBT 始终打开,相当于一个二极管。当 S_{boost} IGBT 导通时,电流回路如图 2.1.15(a)所示,电池的电流流向电感元件,电感元件的电压 U_L 与电源电压相等但相位相反;当 S_{buck} 断开时,电流回路如图 2.1.15(b)所示,电感元件的电流流向系统回路,电感元件的电压 U_L 为系统电压 U_s 与电源电压之差。

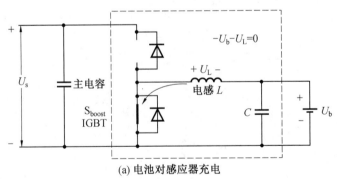

(a) 电池对感应器充电

可得升压比

$$\beta_{boost} = \frac{U_s}{U_b} = \frac{1}{1-D}$$

可见,升压比的大小取决于占空比 D 的大小,D 越大 β_{boost} 越大。

降升压回路工作时的原理如图 2.1.16 所示,由于 S_{boost} 始终打开,S_{boost} IGBT 可以被忽略,看作一个功率二极管即可。当 S_{buck} 导通时,电流回路如图 2.1.16(a)所示,系统的电流流向电感元件回路,电感元件的电压 U_L 为系统电压 U_s 与电源电压之差;当 S_{buck} 被断开时,电流回路如图 2.1.16(b)所示,电感元件的电压 U_L 与电源电压相等但相位相反。

可得降压比

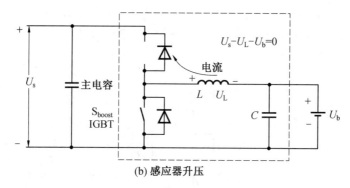

(b) 感应器升压

图 2.1.15 升压时的原理示意图

$$\beta_{\text{buck}} = \frac{U_b}{U_s} = D$$

可见,降压比的大小取决于占空比 D 的大小,D 越大 β_{buck} 越大。

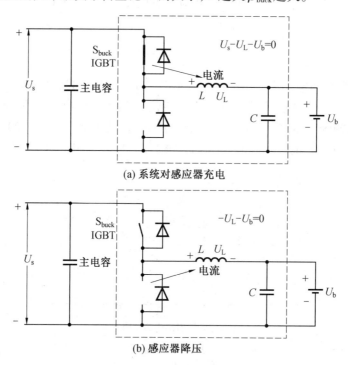

图 2.1.16 降压时的原理示意图

(6) Z 源变换器。

Z 源变换器的主要优点是输出电压可以根据需要升高或降低,变换效率高,并且其电源既可以为电压源也可以为电流源,Z 源变换器是一种很有前途的 DC/DC。图 2.1.17(a)为 Z 源变换器在 HEV 上的应用方案之一。在汽车用电动机驱动时的作用是将动力电源 200 V 的动力电升压至 500 V 后输送到电动机的逆变器;图 2.1.17(b)为 Z 源变换器的一般拓扑结构,它由电感 L_1、L_2 和电容 C_1、C_2 接成 X 形。用 Z 源拓扑连接输入直流电源和用于驱动三相交流电机的逆变电路。

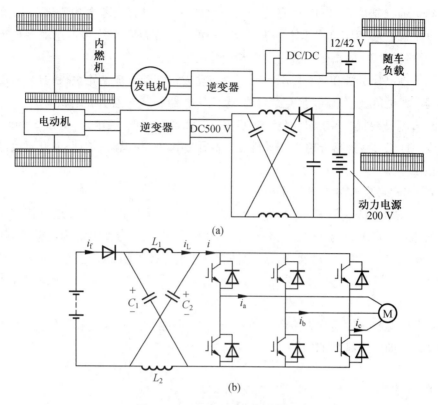

图 2.1.17　HEV 用 Z 源变换器

（五）吉利帝豪 EV450 动力蓄电池系统简介

吉利帝豪 EV450 动力蓄电池采用三元锂离子蓄电池（Lithiumion Battery），以钴酸锂、锰酸锂或镍酸锂等化合物为正极，以可嵌入锂离子的碳材料为负极，使用有机电解质。动力蓄电池总成安装在车体下部，动力蓄电池的组成部件包括：各模组总成、CSC 采集系统、电池控制单元（BMU）、电池高压分配单元（B-BOX）、维修开关等。

蓄电池管理系统 BMS（Battery Management System），BMS 能够对动力蓄电池组总电压、总电流、每个测点温度和电池单体的电压参数进行实时监控，并进行故障诊断、SOC（剩余电量比）计算、短路保护、漏电监测、报警显示、充放电模式选择等。BMS 可以将动力蓄电池相关参数上报 VCU 由 VCU 控制动力蓄电池的充电和放电功率。

吉利帝豪 EV450 动力蓄电池系统主要由以下几部分组成：

（1）电池单体（Cell）：是直接将化学能转化为电能的基本单元装置，包括电极、隔膜、电解质、外壳和端子，并被设计成可充电。

（2）电池模组：将一个以上电池单体按照串联、并联或串并联方式组合，且只有一对正负极输出端子，并作为电源使用的组合体。

（3）CSC 采集系统：每一个电池单元有多个 CSC 采集系统，以监测其中每个电池单体或电池组单体电压、温度信息。CSC 采集系统将相关信息上报电池控制单元（BMU）并根据 BMU 的指令执行单体电压均衡。

(4)电池控制单元(BMU):安装于动力蓄电池总成内部,是蓄电池管理系统核心部件,电池控制单元(BMU)将单体电压、电流、温度及整车高压绝缘等信息上报整车控制器(VCU)并根据VCU的指令完成对动力蓄电池的控制。

(5)电池高压分配单元(B-BOX):安装在动力蓄电池总成的正负极输出端,由高压正极继电器、高压负极继电器、预充继电器、电流传感器和预充电阻等组成。

(6)直流母线:位于前副车架上部,断开12 V蓄电池正、负电缆,等待5 min后,举升车辆,拔下直流母线连接充电机端插件。在高压零部件检查和维护前,断开直流母线可以确保切断高压。

(六)吉利帝豪EV450高压配电系统简介

吉利帝豪EV450有一套高压供电系统,主要包括以下部件:分线盒、直流充电接口、交流充电接口、直流母线、电机三相线。高压供电系统由动力蓄电池为电机控制器、驱动电机、电动压缩机、PTC加热器等高压部件提供能量。此外动力蓄电池还有一套直流快充充电系统和一套交流慢充充电系统。这些所有的高压部件都由高压配电系统连接输送电能。

注意:所有高压线缆均为橙色,车辆上电时不要触碰这些线缆和部件,高压线缆接插件拔出后,立即用绝缘胶带包裹。

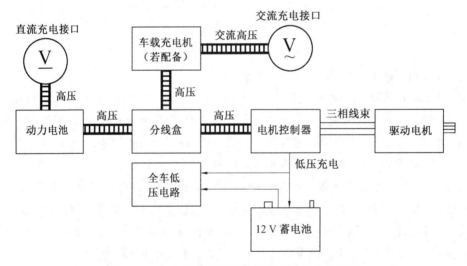

图2.1.18 吉利帝豪EV450高压配电系统原理图

(七)吉利帝豪EV450电机控制系统简介

1. 电机控制器及其结构

电机控制器安装在前舱内,采用CAN通信控制,控制着动力蓄电池组到电机之间能量的传输,同时采集电机位置信号和三相电流检测信号,精确地控制驱动电机运行。

电机控制器是一个既能将动力蓄电池中的直流电转换为交流电以驱动电机,同时具备将车轮旋转的动能转换为电能(交流电转换为直流电)给动力蓄电池充电的设备。

车辆制动或滑行阶段,电机作为发电机应用。它可以完成由车轮旋转的动能到电能的转换,给电池充电。

DC/DC 集成在电机控制器内部,其功能是将电池的高压电转换成低压电,提供整车低压系统供电。

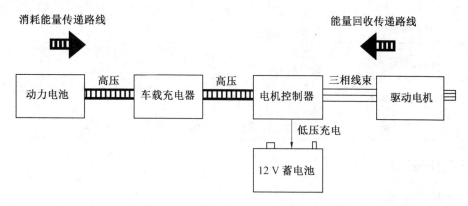

图 2.1.19　吉利帝豪 EV450 电机控制系统原理图

电机控制器内部包含 1 个 DC/AC 逆变器和 1 个 DC/DC 直流转换器,逆变器由 IGBT、直流母线电容、驱动和控制电路板等组成,实现直流(可变的电压、电流)与交流(可变的电压、电流、频率)之间的转变。直流转换器由高低压功率器件、变压器、电感、驱动和控制电路板等组成,实现直流高压向直流低压的能量传递。电机控制器还包含冷却器(通过冷却液)给电子功率器件散热。

2. 电机控制系统工作原理

(1)转矩控制模式。

电机控制系统控制电机轴向四象限的转矩。由于没有转矩传感器,转矩指令(由整车控制器发送)被转换成为电流指令,并进行闭环控制。转矩控制模式只有在获得正确的初始偏移角度时才能进行。

(2)静态模式。

静态模式在电机控制器(PEU)处于被动状态(待机状态)或故障状态时被激活。

(3)主动放电模式。

主动放电用于高压直流端电容的快速放电。主动放电指令来自整车控制器的指令或由电机控制器(PEU)内部故障触发。

(4)DC/DC 直流转换。

电机控制器(PEU)中的 DC/DC 转换器将高压直流端的高压转换成指定的直流低压(12 V 低压系统),低压设定值来自整车控制器指令。

(5)系统诊断功能。

当故障发生时,软件根据故障级别使 PEU 进入安全状态或限制状态。安全状态包括主动短路或 Freewheel 模式,限制状态包括四个级别的功率/转矩输出限制。PEU 软件中提供基于 ISO-14229 标准的诊断通信功能。如表 2.1.1 所示。

表 2.1.1　电机控制系统诊断项目及内容

诊断项目	诊断内容
传感器诊断	电流传感器、电压传感器、温度传感器、位置传感器等故障诊断
电机诊断	电流调节故障、电机性能检查、主动短路或空转条件不满足、转子偏移角诊断等
CAN 通信诊断	包括 CAN 内存检测、总线超时、报文长度、Checksum 校验、收发计数器的诊断
硬件安全关诊断	相电流过流诊断、直流母线电压过压诊断、高/低压供电故障诊断、处理器监控等
DC/DC 诊断	DC/DC 传感器以及工作状态诊断

四、任务实施

（一）工作准备

（1）防护装备：常规实训着装。

（2）车辆、台架、总成：吉利帝豪 EV450 纯电动汽车或其他同类新能源汽车。

（二）实施步骤

根据实训室的车辆配置，识别新能源汽车电源系统，注意其安装位置、作用、组成以及与传统汽车的区别。

1. 吉利帝豪 EV450 辅助蓄电池检查。

（1）将车辆停放至维修工位（如图 2.1.20）。

图 2.1.20　车辆停放

（2）将车辆置于 P 挡（如图 2.1.21）。

图 2.1.21　置于 P 挡

(3)拉起驻车制动(如图2.1.22)。

图2.1.22 拉起驻车制动

(4)拉起警示隔离带,放置警示牌,铺放绝缘垫(如图2.1.23)。

(a)拉起警示隔离带　　　　　　　　　　(b)放置警示牌和铺放绝缘垫

图2.1.23 防护物品放置

(5)检查人身安全防护用品(如图2.1.24)。

图2.1.24 人身安全防护用品检查

(6)关闭点火开关(如图2.1.25)。

图2.1.25 关闭点火开关

(7)打开机舱盖,安装车内三件套,放置前格栅布和翼子板布(如图2.1.26)。

(a) 拉机舱盖锁

(b) 安装车内三件套

(c) 放置前格栅布和翼子板布

图2.1.26 拉机舱盖锁,安装车内三件套,放置前格栅布和翼子板布

(8)检查蓄电池表面有无污渍及损坏(如图2.1.27)。

图2.1.27 检查蓄电池表面

(9)晃动蓄电池,检查蓄电池安装是否牢固(如图2.1.28)。

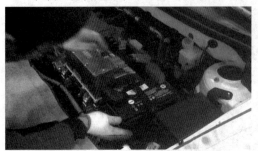

(a) 用手晃动蓄电池

(b) 检查蓄电池安装是否牢固

图2.1.28 检查蓄电池

(10)使用手电筒,目视检查蓄电池正负极端子有无腐蚀(如图2.1.29)。

(a)目视检查负极端子有无腐蚀　　　　　　(b)目视检查正极端子有无腐蚀

图2.1.29　检查蓄电池正负极端子腐蚀现象

(11)用手晃动蓄电池正负极端子,检查导线有无松动(如图2.1.30)。

(a)用手晃动蓄电池负极端子　　　　　　(b)用手晃动蓄电池正极端子

图2.1.30　检查蓄电池正负极端子松动现象

(12)选择万用表,调到欧姆挡,表笔相接触,进行调零(如图2.1.31和图2.1.32)。

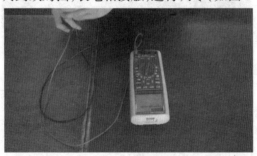

图2.1.31　选择万用表

图2.1.32　万用表调零

(13)调节万用表至直流电压挡,测量蓄电池电压(如图2.1.33和图2.1.34)。

图2.1.33 测量蓄电池电压

图2.1.34 蓄电池电压值

(14)盖回蓄电池保护盖(如图2.1.35)。

图2.1.35 盖回蓄电池保护盖

(15)关闭机舱盖。

(16)现场5S整理。

2. 吉利帝豪EV450辅助蓄电池的拆装。

(1)将车辆停放至维修工位(如图2.1.20)。

(2)将车辆置于P挡(如图2.1.21)。

(3)拉起驻车制动(如图2.1.22)。

(4)拉起警示隔离带,放置警示牌,铺放绝缘垫(如图2.1.23)。

(5)检查人身安全防护用品(如图2.1.24)。

(6)关闭点火开关(如图2.1.25)。

(7)打开机舱盖,安装车内三件套,放置前格栅布和翼子板布(如图2.1.26)。

(8)拆卸蓄电池负极电缆,用防护袋套上,防止虚接(如图2.1.36)。

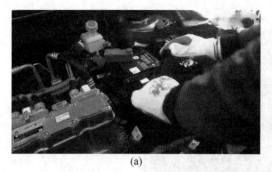 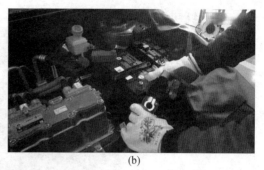

(a)   (b)

图2.1.36 拆卸蓄电池负极电缆

(9)车辆静置5 min,才可继续进行拆卸作业(如图2.1.37)。

图2.1.37 车辆静置

(10)断开高压直流母线,用防护袋套上,防止虚接(如图2.1.38)。

 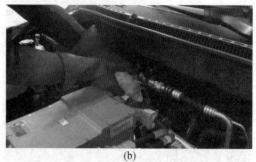

(a)   (b)

图2.1.38 断开高压直流母线

(11)打开蓄电池正极电缆保护盖,拆卸蓄电池正极电缆,用防护袋套上,防止虚接(如图2.1.39)。

(a) 打开蓄电池正极电缆保护盖   (b) 拆卸蓄电池正极电缆固定螺母

图2.1.39 拆卸蓄电池正极电缆

(12)拆卸蓄电池挂钩和固定螺母(如图2.1.40)。

图2.1.40 拆卸蓄电池挂钩和固定螺母

(13)取下蓄电池压条及挂钩(如图2.1.41)。

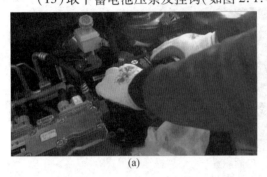 

(a) (b)

图2.1.41 取下蓄电池压条及挂钩

(14)取出蓄电池总成(如图2.1.42)。

 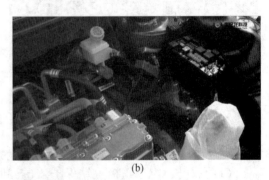

(a) (b)

图2.1.42 取出蓄电池总成

(15)放入蓄电池总成(如图2.1.43)。

图2.1.43 放入蓄电池总成

(16)安装蓄电池压条及挂钩,拧紧蓄电池固定螺母(如图2.1.44)。

 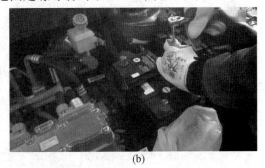

(a)   (b)

图 2.1.44　安装蓄电池压条及挂钩,拧紧蓄电池固定螺母

(17)连接蓄电池正极电缆,关闭蓄电池正极电缆保护盖(如图2.1.45)。

(a) 连接蓄电池正极电缆　　　　　　　(b) 关闭蓄电池正极电缆保护盖

图 2.1.45　蓄电池正极电缆

(18)连接高压直流母线(如图2.1.46)。

图 2.1.46　连接高压直流母线

(19)连接蓄电池负极电缆,关闭蓄电池负极电缆保护盖(如图2.1.47)。

(a) 紧固蓄电池负极电缆固定螺母　　　　　　(b) 关闭蓄电池负极电缆保护盖

图 2.1.47　蓄电池负极电缆

(20)关闭机舱盖。

(21)现场5S整理。

任务二　新能源汽车电源系统的检修

一、任务引入

一辆帝豪EV450纯电动汽车,仪表显示蓄电池故障,系统故障灯点亮,主管把检修的任务安排给你,你能完成这个任务吗?

二、任务要求

知识要求:

1. 能够描述新能源汽车12 V电源管理系统的结构。

2. 能够描述12 V蓄电池亏电对纯电动汽车的影响。

3. 能够描述新能源汽车12 V电源管理系统故障诊断与检修方法。

技能要求:

1. 能进行新能源汽车低压电源系统故障诊断。

2. 能进行新能源汽车DC/DC转换器的更换。

3. 能进行新能源汽车PDU的更换。

职业素养要求:

1. 严格执行汽车检修规范,养成严谨科学的工作态度。

2. 养成总结训练结果的习惯,为下次训练积累经验。

3. 尊重他人劳动,不窃取他人成果。

4. 养成团结协作的精神。

5. 严格执行5S现场管理。

三、相关知识

(一)12 V蓄电池亏电对纯电动汽车的影响

新能源汽车,不管是强混、插电/增程式混合动力,还是纯电动汽车,整个系统架构上都用DC/DC转换器来取代原有的发电机,用高压的电机直接驱动车辆。整个12 V电气架构的改变,使得原有12 V蓄电池的使用特性产生了改变,只作为一个辅助能量单元,而不需要提供瞬时的高功率。在较早的普锐斯HEV车型上,12 V电池就已经转换为AGM(吸附式玻璃纤维隔板)铅酸电池,如图2.2.1所示。

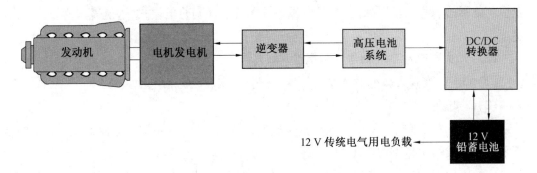

图 2.2.1　混合动力汽车 12 V 电源系统概览

DC/DC 转换器由于本身是电子控制部件,对电流和电压均可进行较精确的控制,所以可以实现对 12 V 电池的能量管理,在这样的条件下,某些整车企业已经用 12 V 锂电池代替原有的铅酸电池。

实际上,正是由于新能源汽车整个系统结构,特别是控制结构相对传统车要复杂一些,使得 12 V 总线上的模块较多。

(1)电子控制模块较多,假定传统的模块设定为 1 ~ 5 mA,总体的静态电流较大。

(2)电子控制模块较多,CAN 网络的睡眠唤醒机制较为复杂,特别是充电(快充和慢充)的时候,导致 12 V 的蓄电池在传统停置的时候,需要给电较多。

(3)模块的控制逻辑,特别是因为接入车联网的监控需求,使得车辆电子系统的逻辑跳转变得相对脆弱,可能在某些状态下没办法完全让车辆"休眠"。

根据这些判断以及国外车辆在使用过程中的投诉,有些问题出现的可能性较高,如车辆一段时间不使用(几天或者一周以上),即使在动力蓄电池满电的情况下,车辆仍可能起动不了。

究其原因,主要是因为,控制模块正常工作电压通常是 9 ~ 16 V,亏电的铅酸/AGM 电池一旦输出电流,电压就会持续下降,而 DC/DC 转换器给电池补电的通路本身就需要 12 V 电池来吸合控制继电器的线圈来维持触点闭合。所以按照以往的经验,可用外接蓄电池实现"跨接起动",但待车辆起动起来,蓄电池移走以后,车辆控制系统又会全部继续掉电关闭,这是因为高压蓄电池维持输出需要保证接触器有足够的电压和电流供给,一旦蓄电池供电不足,这个系统还是无法正常工作。

关于这个问题,可提出以下解决办法:

(1)当发生故障的时候,用外接蓄电池给车辆供一段时间的电能,以起动车辆高压系统,让 DC/DC 转换器对电池进行一段时间的补电,如图 2.2.2 所示。

(2)利用车联网系统进行监控,当它给工作后台发送信息的时候,可以加入 12 V 电压的信息,如果出现电压降低可以通知车主。一般传统汽车在设计时,新电池能满足 90 天以上的长期停放要求,而纯电动汽车因为耗电量大,可能达不到这个时间要求。

(3)在车辆设计的时候,还需要做静态电流控制和系统验证,以避免电力不足的情况发生。德国的一些汽车厂家为 48 V 电源系统配置了强制充电模式,这值得车辆设计时借鉴。

(二)动力蓄电池系统维修安全指南

(1)非专业维修人员绝对不要自行拆卸、调整、安装动力蓄电池系统。

(2)不要触摸动力蓄电池系统的正负极母线。

(3)由于动力蓄电池系统安装在汽车底部,所以驾驶过程中请注意路面状况,不要让不平的路面或路面障碍物挤压、撞击电池包。

(4)由于电池包重量较大,所以请不要使用扳手或其他工具松动动力蓄电池系统紧固螺钉。

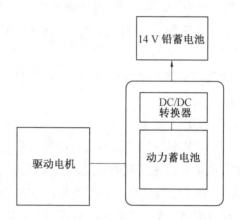

图 2.2.2　DC/DC 转换器为蓄电池充电示意图

(三)新能源汽车整车故障分级

根据故障对整车的影响划分为三个等级。

(1)一级故障(非常严重)。

动力蓄电池上报该故障一段时间后会造成整车出现安全事故,如起火、爆炸、触电等。动力蓄电池在正常工作下不会上报该故障,BMS 一旦上报该故障表明动力蓄电池处于严重滥用状态。

(2)二级故障(严重)。

动力蓄电池上报该故障会造成整车进入跛行、暂时停止能量回馈、停止充电。动力蓄电池正常工作下不会上报该故障,BMS 一旦上报该故障表明动力蓄电池某些硬件出现故障或动力蓄电池处于非正常工作的条件下。

(3)三级故障(轻微)。

动力蓄电池上报该故障对整车无影响或不同程度地造成整车进入限功率行驶状态。动力蓄电池正常工作状态可能上报该故障,BMS 一旦上报该故障表明动力蓄电池处于极限环境温度下或单体电池一致性出现一定劣化等。

(四)动力蓄电池性能检测

1. 外观及尺寸的检查

动力蓄电池外观检查,外观不得有变形及裂纹,表面应平整,无外伤、无污物等,且标志清晰。直观检查动力蓄电池包紧固螺栓是否有松动,接头有否脱落、松动,极桩是否氧化、表面是否脏污,各高压导线有否损坏等现象,如有应予排除。目测检查电池包壳体是否破损或变形、裂纹,密封法兰是否完整,外部有否漏液,如有应更换壳体或电池组。

2. 单体动力蓄电池电压的测量

将万用表旋钮旋转到直流电压挡,万用表两表笔分别接单体电池的正、负极,测得电压值。

3. 动力蓄电池模块电压的测量

将万用表旋钮旋转到直流电压挡,万用表两表笔分别接动力蓄电池模块的正、负极线束端子,测得电压值。

4. 动力蓄电池模组电压的测量

将万用表旋钮旋转到直流电压挡,万用表两表笔分别接动力蓄电池模组的正、负极线束端子,测得电压值。

5. 动力蓄电池电压的测量

将万用表旋钮旋转到直流电压挡,万用表红黑表笔分别接动力蓄电池的主正继电器和主负继电器前的动力蓄电池线束。

6. 单体电池内阻的测量

使用内阻测试仪测量单体电池内阻,将内阻测试挡调到 20 V/2 000 mΩ,内阻测试仪的红黑表笔分别接单体电池的正极和负极,测出内阻值,并对测出的故障单体电池内阻值和正常的单体电池内阻值进行对比。

7. 动力蓄电池模组均衡充放电

使用均衡测试仪对动力蓄电池模组进行均衡充电,将均衡测试仪测试连接口与模组采样线插头相连,打开测试仪开关,在均衡测试仪操作界面选中模组内有故障的单体电池,对其设置充电电压 3.7 V,设定电压不可超过额定电压 4.1 V。

8. 动力蓄电池绝缘测量

断开动力蓄电池与高压盒的连接线束,确认动力蓄电池正、负继电器处于断开状态,并用放电工具对动力蓄电池及车辆高压端子进行放电后,分别用绝缘表测量动力蓄电池正、负极对车身的绝缘值。

9. 动力蓄电池比能量测试

动力蓄电池系统的容量=单体电芯容量×单体电芯并联数量

(五)电池故障在仪表上的显示

电池故障在仪表上会有显示。关于动力蓄电池的故障,仪表上只显示动力蓄电池故障、动力蓄电池绝缘故障及动力蓄电池系统断开三种故障信息。在仪表上显示的故障指示灯及含义如表2.2.1所示。

表 2.2.1 汽车故障指示灯及含义

名称	显示	颜色	故障含义
系统警告故障灯		黄色	与其他故障灯一同亮起,表示动力系统故障。单独亮起,代表系统总线通信出现故障,需及时维修
动力蓄电池电量不足指示灯		黄色	动力蓄电池电量低于30%时,该指示灯亮起。表示动力蓄电池电量不足,可能不满足驾驶里程的需求。这时候需要及时充电,当电量高于35%熄灭
动力蓄电池切断故障指示灯		黄色	动力蓄电池不能提供动力来源,蓄电池动力已切断,还需及时维修
动力蓄电池故障指示灯		红色	动力蓄电池可能存在故障,慢速行驶及时维修,如果能感觉到明显的故障,最好不要行车,申请救援
动力蓄电池绝缘电阻低指示灯		红色	表示动力蓄电池绝缘性能降低,很多时候都是长时间淋雨造成的,静放几天等车辆干燥,如不能恢复,此时需要去维修店
动力蓄电池过热警告灯		红色	说明动力蓄电池过热,此时最好不要继续行驶,应靠边停车等蓄电池冷却,故障灯熄灭之后再行驶
电机及控制器过热指示灯		红色	表示汽车电机及控制器过热,需要靠边停车,自然冷却。如果故障灯熄灭可继续行使,如故障灯不熄灭或频繁亮起,需要去维修店检查

(六)吉利电动汽车安全操作规定

(1)操作人员必须通过企业高压作业专项培训并获得资格认证。
(2)操作人员体内如植入有电子医疗装置可能会影响其功能。
(3)操作人员必须严格遵守"双人作业"安全规范。
(4)操作人员必须严格遵守"单手操作"安全规范。
(5)操作人员必须严格按照作业要求有效佩戴绝缘护具。
(6)操作人员必须严格按照作业要求正确使用绝缘工具。
(7)操作人员必须严格按照作业要求检查确认维修场地。
(8)操作人员必须严格遵守车辆使用要求和维修规范。

(七)吉利帝豪 EV450 断电流程

(1)关闭启动开关并妥善保管钥匙。
(2)断开低压蓄电池负极并防护。
(3)检查并佩戴有效绝缘手套。
(4)断开直流母线插接器并防护。
(5)静置等待 5 min 以上。
(6)检测高压系统漏电电压应≤50 V。
(7)检测高压系统切断电压应≤5 V。
(8)遮盖或阻隔相邻部件(区域)。

四、任务实施

(一)工作准备

(1)防护装备:绝缘防护装备。
(2)车辆、台架、总成:北汽新能源汽车或同类纯电动汽车。
(3)专用工具、设备:检测仪器、放电工具、万用表。
(4)手工工具:组合工具、绝缘拆装工具一套、手电筒。
(5)辅助材料:车辆防护三件套、高压警告牌、干净抹布。

(二)实施步骤

电机控制器检查、拆卸与装复。
(1)将车辆停放至维修工位(如图 2.1.20)。
(2)将车辆置于 P 挡(如图 2.1.21)。
(3)拉起驻车制动(如图 2.1.22)。
(4)拉起警示隔离带,放置警示牌,铺放绝缘垫(如图 2.1.23)。
(5)检查人身安全防护用品(如图 2.1.24)。
(6)关闭点火开关(如图 2.1.25)。
(7)打开机舱盖,安装车内三件套,放置前格栅布和翼子板布(如图 2.1.26)。
(8)拆卸蓄电池负极电缆,用防护袋套上,包裹蓄电池负极柱,防止虚接(如图 2.2.3)。

(a)

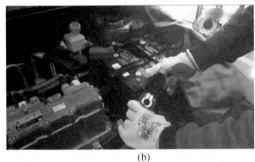

(b)

(c)

图 2.2.3　拆卸蓄电池负极电缆

(9)车辆静置 5 min,才可继续进行拆卸作业(如图 2.1.37)。

(10)戴绝缘手套,断开插在充电机的直流母线,用防护袋套上,防止虚接(如图 2.2.4)。

图 2.2.4　断开直流母线

(11)用万用表测量直流母线端正负极电压(如图 2.2.5)。

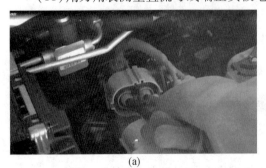

(a)

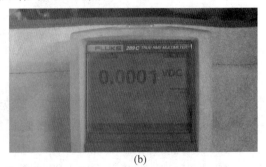

(b)

图 2.2.5　测量直流母线端正负极电压

（12）测量好之后，使用绝缘袋套上（如图2.2.6）。

图2.2.6　套上绝缘袋

（13）检查高压插接器表面完好无损、牢固（如图2.2.7）。

图2.2.7　检查高压插接器

（14）检查三相线束牢固无松动（如图2.2.8）。

图2.2.8　检查三相线束

（15）检查低压信号线束表面无破损、牢固（下方黑色线束）（如图2.2.9）。

图2.2.9　检查低压信号线束

(16)拆卸电机控制器上盖8个螺栓(如图2.2.10)。

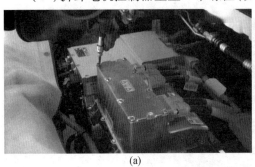
(a)

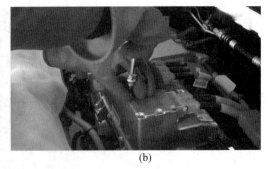
(b)

图 2.2.10　拆卸电机控制器上盖

(17)取下电机控制器上盖(如图2.2.11)。

图 2.2.11　取下电机控制器上盖

(18)拆卸驱动电机三相线束连接器,取下驱动电机三相线束端子,用防护袋套上,防止虚接(如图2.2.12)。

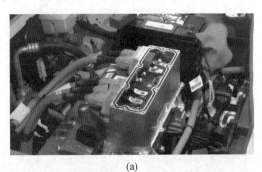
(a)

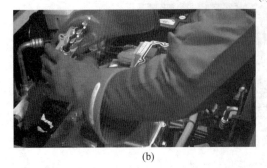
(b)

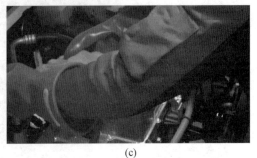
(c)

图 2.2.12　驱动电机三相线束

（19）拆卸电机控制器高压线线束连接器，拆卸电机控制器高压线线束端子，用防护袋套上，防止虚接（如图2.2.13）。

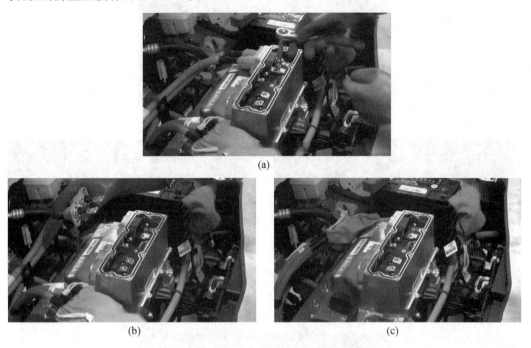

图2.2.13　电机控制器高压线线束

（20）取下电机控制器搭铁防尘盖，拆卸电机控制器两根搭铁线束固定螺母，脱开搭铁线束（如图2.2.14）。

图2.2.14　电机控制器搭铁

（21）脱开电机控制器进水管，脱开电机控制器出水管（水管脱开前请在车辆底部放置容器，接住防冻液，以免污染地面）。

（22）拆卸电机控制器4个固定螺栓（如图2.2.15）。

（23）取出电机控制器总成（如图2.2.16）。

（24）安装电机控制器总成步骤与拆卸相反，放置电机控制器总成，连接电机控制器进水管，连接电机控制器出水管（如图2.2.17）。

图 2.2.15　拆卸电机控制器 4 个固定螺栓

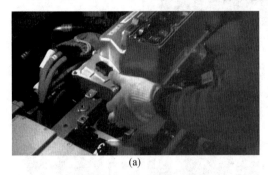
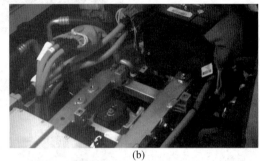

(a)　　　　　　　　　　　　　　　(b)

图 2.2.16　取出电机控制器

图 2.2.17　连接电机控制器水管

(25)连接电机控制器搭铁,安装驱动电机三相线束连接器及电机控制器高压线线束连接器(如图 2.2.18)。

(a)　　　　　　　　　　　　　　　(b)

图 2.2.18　安装电机控制器周边线束

(26)加注冷却液(如图2.2.19)。

图2.2.19 加注冷却液

(27)连接动力蓄电池高压线线束。
(28)连接低压蓄电池负极电缆。
(29)关闭前机舱盖。
(30)工具复位,5S整理。

项目三　新能源汽车充电系统的检修

项目描述

本项目共有两个学习任务,分别是:任务一新能源汽车充电系统的认知;任务二新能源汽车充电系统的检修。

通过两个任务的学习,了解新能源汽车的充电系统,掌握新能源汽车充电的基本方法和特点,以及充电桩的使用和检修方法,为新能源汽车的维修打下基础。

任务一　新能源汽车充电系统的认知

一、任务引入

作为一名纯电动汽车销售人员,客户需要你向其介绍日常充电的方式,以及快充和慢充的利弊,以便客户更好地了解自己的爱车,你能完成这个任务吗?

二、任务要求

知识要求:
1. 能够描述新能源汽车充电技术的概况。
2. 能够描述新能源汽车充电的方法及优缺点。
3. 能够描述新能源汽车充电系统组成与工作原理。
4. 能够描述新能源汽车充电操作及注意事项。
5. 知道充电接口定义。
6. 熟悉充电模式和充电连接方式。

能力要求:
1. 能够向客户介绍新能源汽车充电方法及特点。
2. 能够进行新能源汽车充电操作。

职业素养要求:
1. 严格执行汽车检修规范,养成严谨科学的工作态度。
2. 养成总结训练结果的习惯,为下次训练积累经验。
3. 尊重他人劳动,不窃取他人成果。
4. 养成团结协作的精神。
5. 严格执行5S现场管理。

三、相关知识

(一) 新能源汽车充电技术的概况

新能源汽车,特别是纯电动汽车的充电技术,最关键的问题是如何能实现高效率的快速充电。这关系到充电器的容量和性能、电网的承载能力和动力蓄电池的承受能力等。随着动力蓄电池本身充放电速度的不断提高,充电系统的性能也在不断地改进,以满足在多种不同应用情况下的快速充电需求。由于电力的储运和使用比汽油方便得多,充电设备的建造也呈现出多样性和灵活性,既可以为集中式的充电站,也可以设置在道路边、停车场、购物中心等任何方便停车的地方。除了固定充电装置以外,电动汽车还带有车载充电器,可以在夜间利用家里的市电插座进行充电,甚至还可以在用电高峰期把电力逆变后返送回电网。目前,根据不同的汽车动力蓄电池电压和容量、充电速度要求,以及电网供电容量等因素的考量,固定充电器的容量一般在 15 ~ 100 kW,输出电压一般为 50 ~ 500 V。车载充电器容量则在 3 kW 左右。

目前,世界各国都在研究电动汽车的快速充电技术。欧洲已研发出充电 10 min 可行驶 100 km 的快速充电系统。美国也已经研发出充电 6 min 可行驶 100 km 的超快速充电系统。这些系统都采用国际通用的快速充电标准接口,输入电源可以用交流电,也可以用直流电。

由于快速充电系统需要强大的瞬时功率,所以在快速充电设施中电网的承载能力是一个关键的制约因素。如果想要把充电速度进一步提高,从普通电网直接供电基本上不可能。为了解决这个矛盾,技术人员正着手研发新一代带有储能缓冲环节的超快速充电系统。这项技术目前还处于早期发展阶段,但已经有示范系统展示。汽车在行驶中充电叫作在线充电。这也是技术人员将要研究和开发的技术之一。这种技术一旦实施,车载的电池容量将可以降低。随着电动汽车市场的迅速发展,这些技术一定会得到广泛的应用并产生巨大的经济效益。

充电系统是新能源汽车主要的能源补给系统。图 3.1.1 是新能源汽车充电系统示意图。

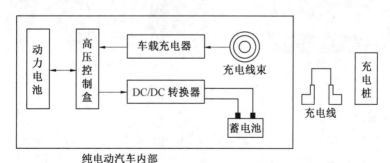

图 3.1.1 新能源汽车充电系统示意图

新能源汽车充电系统主要由充电桩、充电线束、车载充电器、高压控制盒、动力蓄电池、DC/DC转换器、低压蓄电池以及各种高压线束和低压控制线束等组成。

充电桩(Charging Pile)又叫充电栓、充电柜等,其功能类似于加油站里面的加油机,可以固定在地面或墙壁,安装于公共建筑(公共楼宇、商场、公共停车场等)和居民小区停车场或充电站内,可以根据不同的电压等级为各种型号的电动汽车充电。充电桩的输入端与交流电网直接连接,输出端都装有充电插头为电动汽车充电。汽车充电桩一般提供常规充电(交流慢充)和快速充电(直流快充)两种充电方式,人们可以使用特定的充电卡在充电桩提供的人机交互操作界面上刷卡使用,进行充电方式、充电时间、费用数据打印等操作,充电桩显示屏能显示充电量、费用、充电时间等数据。

1. 充电桩的功用

充电桩是能实现计时、计电量、计金额充电的装置,可以作为市民购电终端。同时,为提高公共充电桩的效率和实用性,今后将陆续增加一桩多充和为电动自行车充电的功能。

2. 充电桩的类型

(1)按安装方式分。

按安装方式,可分为落地式充电桩、挂壁式充电桩。落地式充电桩适合安装在不靠近墙体的停车位,挂壁式充电桩适合安装在靠近墙体的停车位,如图3.1.2所示。

(a) 落地式

(b) 挂壁式

图 3.1.2 充电桩的两种形式

(2)按安装地点分。

按安装地点,可分为公共充电桩、专用充电桩和自用充电桩。公共充电桩是建设在公共停车场(库),结合停车泊位,为社会车辆提供公共充电服务的充电桩。专用充电桩是建设单位(企业)自有停车场(库),为单位(企业)内部人员使用的充电桩。自用充电桩是建设在个人自有车位(库),为私人用户提供充电的充电桩。充电桩一般结合停车场(库)的停车位建设。安装在户外的充电桩防护等级不应低于IP54。安装在户内的充电桩防护等级不应低于 IP32，如图 3.1.3 所示为公共充电桩。

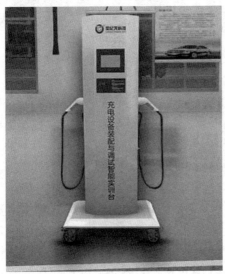

图 3.1.3　公共充电桩

（3）按充电接口数分。

按充电接口数，可分为一桩一充和一桩多充（如图 3.1.4）。

图 3.1.4　多用充电桩

（4）按充电方式分。

按充电方式，可分为直流充电桩、交流充电桩和交直流一体充电桩。

①直流充电桩特点。

直流充电桩又称为直流供电装置，即日常所说的快充。直流充电桩是固定安装在电动汽车外，与交流电网连接，可以为非车载电动汽车动力蓄电池提供直流电源的供电装置。直流充电桩的输入电压采用三相四线 AC380 V±15%，频率 50 Hz，输出为可调直流电，直接为电动汽车的动力蓄电池充电。由于直流充电桩采用三相四线制供电，可以提供足够的功率,输出的电压和电流调整范围大,可以实现快充的要求。

直流充电桩的工作原理就是通过整流将交流变直流再通过 DC/DC 转换器转换环节来调整电压、电流输出,实现对电动汽车电池的充电。控制模块实现其显示功能及保护电路的控制。

直流充电桩的特点如下:

a. 采用分体式结构,主要由整流柜、充电桩、整流柜和充电桩之间的连接电缆、充电桩和电动汽车之间的连接电缆及充电连接器等部分组成。整流柜由整流模块和充电主控制系统组成,由充电桩完成与用户之间的人机交互功能,并实现对电动汽车充电的管理、计费和相应的电池状态检测等功能。

b. 具备通过 CAN 网络与 BMS 通信的功能,来判断电池类型,获得动力蓄电池系统参数、充电前和充电过程中动力蓄电池的状态参数。与充电站后台监控系统通信,上传充电器和动力蓄电池的工作状态、工作参数、故障报警等信息,并接受监控系统的控制命令,执行遥控动作。

c. 能够判断充电连接器、充电电缆是否正确连接。当充电连接器与电动汽车蓄电池系统正确连接后,充电器才允许启动充电过程;当充电器检测到与电动汽车蓄电池系统的连接不正常时,能立即停止充电,并发出报警信息。

d. 能够为电动汽车提供低压辅助电源,用于在充电过程中为电动汽车 BMS 供电。

e. 具有高效、高可靠、便于维护、灵活扩容、节能环保等优点。

f. 采用数字化均流技术,均流性能稳定,脱离管理模块也能稳定工作并自主均流。

g. 采用模块化架构,可适应 10~200 kW 的不同功率需求。

h. 动态优化的功率模块管理,适应在各种功率输出状态下的最大效率输出。

i. 具有输出电压、电流调节范围宽的特点,能满足不同类型蓄电池组端电压的充电要求。

j. 具有电源过温、输入侧过压、欠压、输出侧过流、过压保护等安全防护功能。

k. 整流模块采用 ARM 作为控制核心,具有很高的灵活性和一致性。

l. 采用高频变压器,体积小、功率密度高。

m. 采用 IGBT 配套最新的驱动技术,稳定性高。

n. 具备宽电压输入范围,以及宽工作温度范围。

o. 友好的人机界面,动态显示电压、电流以及故障信息。

②交流充电桩特点。

交流充电桩又称为交流供电装置,即日常所说的慢充。固定安装在电动汽车外,与交流电网连接,为电动汽车车载充电器(即固定安装在电动汽车上的充电器)提供交流电源的供电装置。交流充电桩只提供电力输出,没有充电功能,需连接车载充电器为电动汽车充电。

交流充电桩设计要求的特点如下:

a. 可以提供 AC220 V/7 kW 供电能力。交流充电桩的电源要求为,输入电压:单相 AC220 V±10%,输出频率 50 Hz±2%,输出为 AC220 V/7 kW。

b. 具备漏电、短路、过压、欠压、过流等保护功能,确保充电桩安全可靠运行。

c. 具备显示、操作等必需的人机接口。

d. 交流充电计量。

e. 设置刷卡接口,支持 RFID 卡、IC 卡等常见的刷卡方式,并可配置打印机,提供票据打印功能。

f. 具备充电接口的连接状态判断、控制导引等完善的安全保护控制逻辑。

交流充电桩给电动汽车的充电器提供电力输入,由于一般的车载充电器的功率不是很大,所以不能很好地实现快速充电,但可以采用直流充电桩来实现快充。

图 3.1.5　交流充电桩

(二)新能源汽车充电的方法及特点

新能源汽车动力蓄电池充电的方法主要有快速充电(直流快充)和常规充电(交流慢充)以及更换电池的方式等。

直流快充和交流慢充方式的区别是:

直流充电(快充)主要是通过充电站的充电桩将直流高压电直接通过直流充电口给动力蓄电池充电。

交流充电(慢充)主要是通过家用电源插头和交流充电桩接入交流充电口,通过车载充电器将 220 V 交流电转为 330 V 直流电给动力蓄电池进行充电。

1. 快速充电

常规蓄电池的充电方法一般时间较长,给实际使用带来诸多不便。快速充电电池的出现,为纯电动汽车的商业化提供了技术支持。

快速充电又称直流快充或应急充电,是以较大直流电流在电动汽车停车的 20 min ~ 2 h 的短时间内,为其提供充电服务,一般充电电流为 150 ~ 400 A。

快速充电模式的优点是充电时间短。但是,相对常规充电模式,快速充电也存在一定的缺点:

（1）"快充"实际并不快，而且降低动力蓄电池使用寿命。

由于受电池技术影响，目前电动汽车使用最多的就是锂电池。锂元素是比钠还要活跃的金属元素之一，快充易使锂元素太过活跃，从而使电池中的电解液发生沉淀，产生气泡现象，也就是平常人们所看到的电池身上易凸起"小包"，摸上去有手感发热等情况，严重的会导致电池爆炸等安全事故。因此，充电电流不宜过大。目前，市面上各大厂商都在宣传其电动汽车快速充电时间在 10 min 左右，实际上以目前技术来看都不现实。以比亚迪 E6 纯电动汽车为例，这款电动汽车采用磷酸铁锂电池，其快速安全充电模式的充电时间仍然需要 2 h。

电动汽车充电快慢与充电器功率、电池充电特性和温度等紧密相关。当前电池技术水平下，即使快充也需要 30 min 才能充电到电池容量的 80%，超过 80% 后，为保护电池安全，充电电流必须变小，充到 100% 的时间将较长。此外，在冬天气温较低时，电池要求充电电流变小，充电时间会变得更长些。

传统加油站汽车加油整个流程为 5~8 min，充电站如果无法提供 15 min 以内的快充服务，基本就失去了社会基础建设的功能性。

（2）充电站成本较高，盈利模式值得商榷。

目前，直流充电方式的充电价格在 2 元/W 左右。以一个充电站 1 000 kW 的容量计算，加上送变电设施、铺设专用电缆以及新建监控系统等（不包括建设用地成本），一个充电站的成本在 300 万~500 万元。这样的高成本，在电动汽车还没完全普及的情况下，是难以维持充电站的运营的。

直流充电关键技术如下：

①高性能直流充电器技术：效率、谐波、使用寿命。

②直流充电环境适应性技术：宽的温度范围、户外使用时凝露、风沙防护等。

③安全防护技术：漏电、短路防护、误插拔防护、断线防护、倾倒防护、防误操作、防止带电插拔等。

④充电器的高互换性技术：物理接口、电气接口、通信协议的高度兼容互换。

⑤直流充电与电网的接口、有序充电以及与电网的互动技术。

2. 常规充电

蓄电池在放电终止后，应立即充电（在特殊情况下也不应超过 24 h）。这种充电方式叫作常规充电（交流慢充或慢速充电），常规充电电流相当低，约为 15 A。常规蓄电池的充电方法都采用小电流的恒压或恒流充电，一般充电时间为 5~8 h，甚至长达 10~20 h。这种充电方式是利用车载充电器，接 220 V 交流电即可。

常规慢充方式的适用情况主要有：

（1）用户对电动汽车的行驶里程要求相对较低，车辆行驶里程能满足用户 1 天的使用需要，利用晚间停运时间可以完成充电。

（2）由于常规慢充充电电流和充电功率比较小，因此在居民区、停车场和公共充电站都可以进行充电。

（3）规模较大的集中充电站，能够同时为多辆电动汽车提供停车场地并进行充电。

如图3.1.6所示为公共服务充电桩示意图。

图3.1.6　公共服务充电桩示意图

常规充电模式的优点如下：

(1)尽管充电时间较长，但因为所用功率和电流的额定值并不是关键问题，因此，充电器价格和安装成本比较低。

目前，国内厂商提供的交流充电桩价格在每个2.5万元左右，一旦市场形成规模化，成本可以控制在每个5 000元以内。如图3.1.7所示为壁挂式交流充电桩，可安装在车库内使用。

图3.1.7　壁挂式充电桩

(2)可充分利用电力低谷时段进行充电，降低充电成本。

目前，我国发电量和装机容量均已居世界第二位，电力装机容量达到8亿kW以上，电网的高峰负荷增长很快，峰谷差逐年拉大，造成发电资源的很大闲置。电动汽车依靠充电桩在夜间低谷充电(北京电网峰谷差达40%)，有利于改善电网运行质量，减少电网为平衡峰谷差投入的费用，可以说基本上不增加电网的负荷。

(3)可提高充电效率和延长电池的使用寿命。

与快速充电相反，常规充电的充电电流小，有利于提高充电效率和延长电池的使用寿命。

常规充电模式的主要缺点为充电时间过长，难以满足车辆紧急运行的需求。此外，我国城市的建筑密度也无法满足电动汽车对充电桩的需求，我国城市的建筑结构以高楼为主，地面停车场数量有限，这样会造成有的车充不上电。这种充电模式通常适用于续驶里程大的电动汽车且利用晚间停运时间进行充电即可，可满足车辆第二天运营需要的情况。

交流充电关键技术如下：

(1)各种恶劣环境的适应性技术：高低温、高热、高湿、风沙、凝露、雨水、露天/室内使用等。

(2)充电安全防护技术：漏电、短路、误插拔防护、断线防护、倾倒防护、防误操作等。

(3)充电桩高互换性技术：物理接口、电气接口、通信协议等，实现充电桩和电动汽车充电的兼容互换。

(4)灵活的计量计费技术：与各种不同运营模式的结合。

(5)友好方便的人机交互技术：适应不同层次、不同水平的操作者。

(6)充电桩的运行管理与综合监控。

(7)有序充电及与电网的互动技术。

3. 更换电池方式

充电难、充电时间长、续航里程短的问题，一直困扰着新能源汽车用户。现在国内运营的电动出租车续航里程在150～250 km，但充满一次电需要1 h以上，部分车辆甚至需要2 h，严重影响了出租车的运营效率。北汽新能源开发的C50EB换电，出租车换一块充满电的电池仅需要3 min，比普通燃油车加油还快，而且换一次电池可以行驶200 km，不仅可以提高运营效率，还可以实现出租车的双班运营，提高出租车公司的效益。此次大力推广换电模式出租车运营是解决出租车电动化的最佳途径，驾驶员收入增加、出租车公司实现双班运营、换电服务公司发展了新的业务、新能源汽车得到了发展并带动了下游产业链的发展、电网实现了低谷电的有效利用、燃油补贴减少实现绿色财政，真正实现了全产业链的共赢。

直接更换电动汽车的电池组时需要考虑的是：由于电池组(图3.1.8)质量较大，更换时的专业化要求较高，故需配备专业人员借助专业机械来快速完成电池的更换、充电和维护。

图3.1.8　动力蓄电池组

采用这种模式，具有如下优点：

(1)电动汽车用户可租用充满电的蓄电池，更换需要充电的蓄电池，有利于提高车辆使用效率，也提高了用户使用的方便性和快捷性。

(2)对更换下来的蓄电池，可以利用低谷时段进行充电，降低了充电成本，提高了车辆运行经济性。

(3)从另一个侧面来看,也解决了充电时间乃至蓄存电荷量、电池质量、续驶里程不足及价格高等难题。

(4)可以及时发现电池组中单元电池的故障,对于电池的维护工作将具有积极意义。电池组放电深度的降低也将有利于提高电池的寿命。

应用这种模式面临的几个主要问题是:电池与电动汽车的标准化,电动汽车的设计改进、充电站的建设和管理,以及电池的流通管理等。

(三)新能源汽车充电系统组成与工作原理

以吉利帝豪 EV450 纯电动汽车为例,介绍充电系统的结构组成与工作原理。

1. 充电系统从功能上分为快充、慢充、低压充电、制动能量回收四项

(1)快充功能由以下部件组成:

①直流充电口(带高压线线束)。

②动力蓄电池。

(2)慢充功能由以下部件组成:

①交流充电口(带高压线线束)。

②交流充电插座。

③交流充电插头。

④动力蓄电池。

⑤车载充电机。

(3)低压充电功能由以下部件组成:

①12 V 铅酸蓄电池。

②电机控制器。

③分线盒。

④动力蓄电池。

(4)能量回收功能由以下部件组成:

①制动开关。

②动力蓄电池。

③驱动电机。

④整车控制器。

⑤高压线线束等。

2. 充电接口

交流充电口安装在车上左前翼子板上,直流充电口安装在车身左后侧。充电时,根据选择的充电类型,连接交流充电插头或者直流充电插头到相应的充电插座,连接正确后开始充电。充电口连接后形成检测回路,当出现连接故障时,系统可以检测该故障。

3. 充电指示灯

充电指示灯位于车辆充电接口上方,用于指示不同的充电状态。任意电源挡位,当 BCM 收到 BMS 的充电状态信息时,驱动充电指示灯工作,显示充电状态。充电指示灯状

态显示定义如表 3.1.1 所示。

表 3.1.1 充电指示灯状态显示定义

颜色	状态	说明
白色	常亮 2 min	充电照明
黄色	常亮 2 min	充电加热
绿色	闪烁 2 min	充电过程
蓝色	常亮 2 min	预约充电
绿色	常亮 2 min	充电完成
红色	常亮 2 min	充电故障
蓝色	闪烁 2 min	放电过程

上述显示信号中"正在充电"状态显示为即时显示,"充电完成、充电故障"显示为延时关闭,即收到相应的状态信号时显示相应的状态 15 min 后自动熄灭,期间若充电状态变化(如由"充电故障"变为"正在充电"状态)则立即切换为相应的状态。充电指示灯由 BMS 信号提供给 BCM,BCM 控制指示灯状态。充电指示灯控制流程图如图 3.1.9 所示。

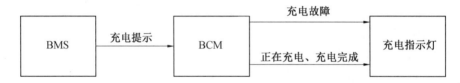

图 3.1.9 充电指示灯控制流程图

4. 充电口照明灯

充电照明灯为白色,直接由 BCM 控制。充电口照明灯控制逻辑:

(1)当高压电池处于未充电的状态时,充电口盖打开,BCM 立即驱动充电口照明灯工作 3 min,工作期间检测到充电枪插入 3 s 后停止驱动或充电口盖关闭则立即停止驱动充电口照明灯。

(2)当充电口盖为打开状态,车门状态由关闭变为打开状态,BCM 立即驱动充电口照明灯工作 3 min,工作期间当高压电池转变为充电状态 3 s 后停止驱动或充电口盖关闭则立即停止驱动充电口照明灯。

(3)OFF 挡时,当充电口盖为打开状态,BCM 接收到 PEPS 发送的解锁信息,则立即驱动充电口照明灯工作 3 min,工作期间如收到车辆上锁信息或充电口盖变为关闭状态则立即驱动充电口照明灯熄灭。

(4)OFF 挡时,当充电口盖为打开状态,BCM 接收到 PEPS 发送的遥控寻车信息,则立即驱动充电口照明灯工作 3 min,工作期间如收到车辆上锁信息延迟 3 s 后熄灭或充电口盖变为关闭状态则立即驱动充电口照明灯熄灭。

(5)任意情况下,充电口盖关闭或车速大于 2 km/h 则立即停止驱动充电口照明灯。

5. 家用随车充电接口

家用随车充电接口随车配备,用于家用随车充电包交流充电(应急充电)。家用随车充电接口如图 3.1.10 所示。

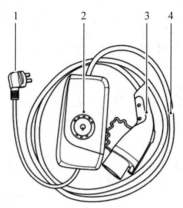

图 3.1.10　家用随车充电接口

1—三脚充电插头;2—充电枪指示灯;3—充电枪;4—充电线缆

充电枪指示灯,可以通过不同的指示灯显示状态反映当前的充电信息,随车充电枪故障显示及处理机制如表 3.1.2 所示。

表 3.1.2　随车充电枪故障显示及处理机制

显示区域	显示状态	状态说明	处理机制
	蓝色常亮	电源指示	—
	绿色循环闪烁	正在充电	—
	全部绿色常亮	充电完成	—
	全部绿色闪烁	未连接	将枪头重新插入充电座
	红色闪烁	漏电保护	重新插入充电枪

续表 3.1.2

显示区域	显示状态	状态说明	处理机制
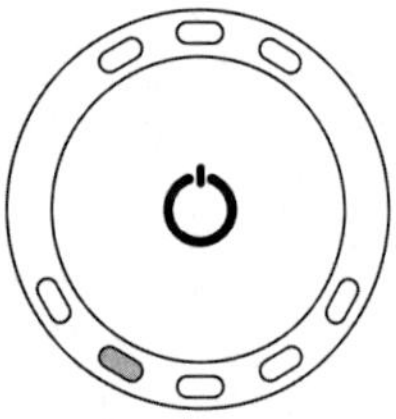 (电源图标)	红色闪烁	过流保护	—
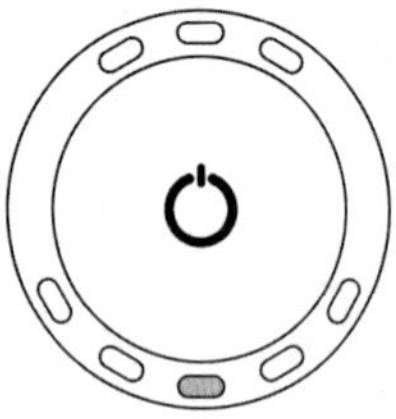 (电源图标)	红色闪烁	过压/欠压保护	—
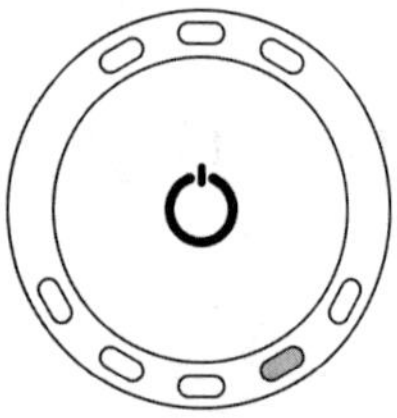 (电源图标)	红色闪烁	通信异常	重新插入充电枪
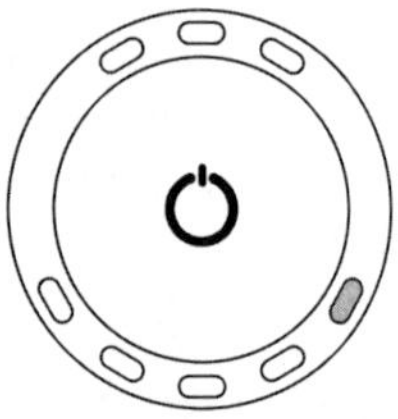 (电源图标)	红色常亮	未接地	检查接地
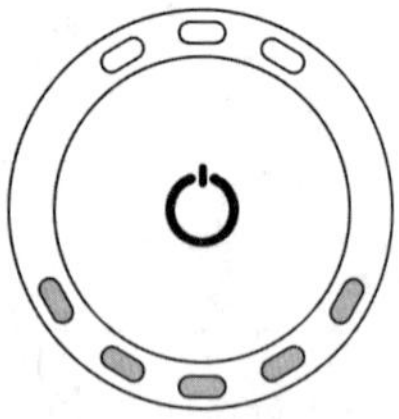 (电源图标)	红色常亮	电源故障	检查交流电源

(四)新能源汽车充电方式

1. 快充(直流高压充电)

当直流充电设备接口连接到整车直流充电口,直流充电设备发送充电唤醒信号给 BMS,BMS 根据动力蓄电池的可充电功率,向直流充电设备发送充电电流指令。同时,BMS 吸合系统高压正极继电器和高压负极继电器,动力蓄电池开始充电。充电时间:48 min 可充电 80%。直流充电流量传递路线如图 3.1.11 所示。

图 3.1.11　直流充电流量传递路线图

2. 慢充(交流高压充电)

当车辆处于交流充电模式下,车载充电机检测交流充电接口的 CC、CP 信号(充电枪插入、导通信号)并唤醒 BMS,BMS 唤醒车载充电机并发送指令充电,同时闭合主继电器,动力蓄电池开始充电。充电时间:预估 13～14 h 可充满。交流充电流量传递路线如图 3.1.12 所示。

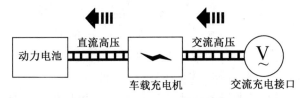

图 3.1.12　交流充电流量传递路线图

3. 充电锁功能

为防止车辆充电过程中充电枪丢失,车辆具有充电枪锁功能。充电枪插入充电接口后,只要驾驶员按下智能钥匙闭锁按钮,充电枪防盗功能将开启;BCM 收到智能钥匙的闭锁信号后通过 CAN 总线将该信号传递到车载充电机,车载充电机将控制充电枪锁止电机锁止充电枪,此时充电枪无法拔出。如要拔出充电枪,需先按下智能钥匙解锁按钮,解锁充电枪。

注意:如果电动解锁失效,可通过机舱左前大灯附近的机械解锁拉索解锁。

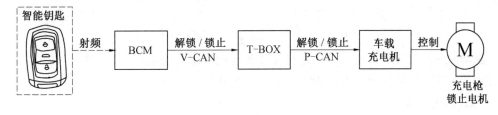

图 3.1.13　充电锁使用简图

4. 低压充电

高压上电前,低压电路系统依赖 12 V 铅酸蓄电池供电,当高压上电后,电机控制器将动力蓄电池的高压直流电转换成低压直流电为 12 V 铅酸蓄电池充电。

5. 智能充电

长期停放的车辆容易造成低压蓄电池馈电,当低压蓄电池严重馈电将会导致车辆无法启动上电。为避免这一问题,本车具有智能充电功能。车辆停放过程中 VCU 将持续对电源蓄电池电压就行监控,当电压低于设定值时,VCU 将唤醒 BMS,同时 VCU 也将控制电机控制器通过 DC/DC 对低压蓄电池进行充电,防止低压蓄电池馈电。

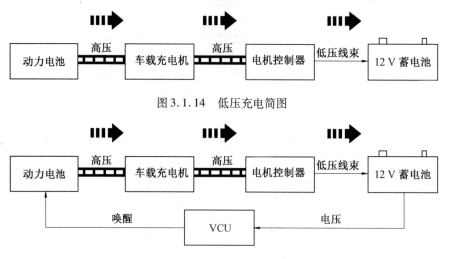

图 3.1.14　低压充电简图

图 3.1.15　智能充电简图

6. 制动能量回收

能量回收系统是在车辆滑行或制动过程中,驱动电机从驱动状态转变成发电状态,将车辆的动能转换为电能储存在动力蓄电池中。

车辆在滑行或制动时,VCU 根据当前动力蓄电池状态和制动踏板位置信号,计算能量回收扭矩并发送指令给电机控制器,启动能量回收。制动能量回收传递路线与能量消耗相反,如图 3.1.16 所示。

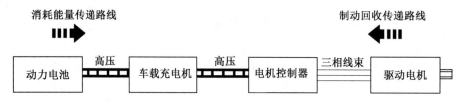

图 3.1.16　制动能量回收传递路线图

制动能量回收过程中电机消耗车轮旋转的动能发出交流电再输出给电机控制器,电机控制器将交流电转换成直流电给动力蓄电池充电。

(五)充电模式

充电指的是将交流电或直流电网(电源)调整为标准化的电压/电流,为电动汽车动力电池提供电能,也可额外地为车载电气设备供电。充电模式指的是连接电动汽车到电网(电源)给电动汽车供电的方法。

1. 模式 1

将电动汽车连接到交流电网(电源)时,在电源侧使用了符合 GB 2099.1 和 GB 1002 要求的插头、插座,在电源侧使用了相线、中性线和接地保护的导体。需要指出的是国标规定,不应使用模式 1 对电动汽车进行充电。

2. 模式2

将电动汽车连接到交流电网(电源)时,在电源侧使用了符合GB 2099.1和GB 1002要求的插头、插座,在电源侧使用了相线、中性线和接地保护的导体,并且在充电连接时使用了缆上控制与保护装置(IC-CPD)。

3. 模式3

将电动汽车连接到交流电网(电源)时,使用了专用供电设备,将电动汽车与交流电网直接连接,并且在专用供电设备上安装了控制导引装置。

4. 模式4

将电动汽车连接到交流电网或直流电网时,使用了带控制导引功能的直流供电设备。

注意:模式2、模式3、模式4应具备控制导引功能。

(六) 连接方式

连接方式指的是使用电缆和连接器将电动汽车接入电网(电源)的方法。

1. 连接方式A

将电动汽车和交流电网连接时,使用与电动汽车永久连接在一起的充电电缆和供电插头,如图3.1.17所示。

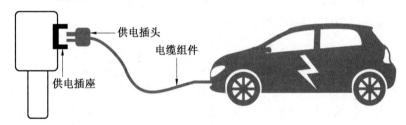

图3.1.17 连接方式A

注:电缆组件是车辆的一部分。

2. 连接方式B

将电动汽车和交流电网连接时,使用带有车辆插头和供电插头的独立的活动电缆组件,如图3.1.18所示。

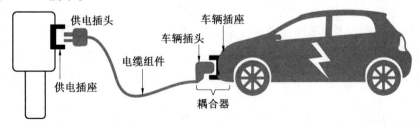

图3.1.18 连接方式B

注:可拆卸电缆组件不是车辆或者充电设备的一部分。

3. 连接方式C

将电动汽车和交流电网连接时,使用了与供电设备永久连接在一起的充电电缆和车辆插头,如图3.1.19所示。

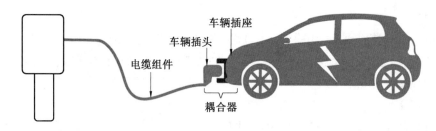

图 3.1.19 连接方式 C

注:电缆组件是充电设备的一部分。

连接方式 A、连接方式 B、连接方式 C 适用于模式 3。仅连接方式 C 适用于模式 4。

(七)电动汽车充电模式使用条件

1. 充电模式 1

模式 1 充电系统使用标准的插座和插头,能量传输过程中应采用单相交流供电,且不允许超过 8 A 和 250 V,在电源侧应使用符合 GB 2099.1 和 GB 1002 要求的插头和插座,在电源侧使用了相线、中性线和保护接地线导体,并且在电源侧使用了剩余电流保护装置。从标准插座到电动汽车,应提供保护接地导体。

注意:不应使用模式 1 对电动汽车进行充电。

2. 充电模式 2

模式 2 充电系统使用标准插座,能量传输过程中,采用单相交流供电,电源侧使用符合 GB 2099.1 和 GB 1002 要求的 10 A 插头、插座是输出不能超过 8 A。在电源侧使用相线、中性线和保护接地导体,并且采用缆上控制与保护装置(IC-CPD)连接电源与电动汽车。

从标准插座到电动汽车应用提供保护接地导体,且应具备剩余电流保护和过流保护功能模式 2 的控制引导功能。

3. 充电模式 3

模式 3 应用于连接到交流电网的供电设备将电动汽车与交流电网连接起来的情况,并且,在电动汽车供电设备上安装了专用保护装置。

电动汽车供电设备具有一个及一个以上同时可使用的模式 3 连接点(供电插座)时,每一个连接点应具有专用保护装置,并确保控制引导功能可独立运行。

模式 3 应具备剩余电流保护功能。连接方式 A、连接方式 B、连接方式 C 适用于模式 3。

采用单相供电时,电流不大于 32 A,采用三相供电且电流大于 32 A 时,应采用连接方式 C。

4. 充电模式 4

模式 4 用于电动汽车连接到直流供电设备的情况,应用于永久连接在电网(电源)的设备和通过电缆与电网(电源)连接为其供电的设备。模式 4 可直接连接至交流电网或直流电网,仅连接方式 C 是用于模式 4 的。

(八)充电连接装置

电动汽车充电时,连接电动汽车和电动汽车供电设备的组件,除电缆外,还可能包括供电接口、车辆接口、缆上控制保护装置和帽盖等部件。充电连接装置示意图如图3.1.20所示。

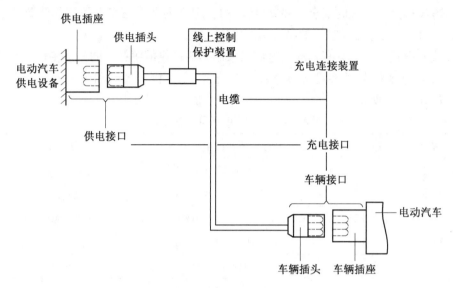

图3.1.20 充电连接装置示意图

(九)充电接口

充电接口是指充电连接装置中,除电缆、缆上控制保护装置(如果有)之外的部件,包括供电接口和车辆接口。供电接口是指能将电缆接到电源或电动汽车供电设备的部件,由供电插头和供电插座组成。车辆接口(车辆耦合器)指的是能将电缆接到电动汽车的器件。由车辆插头和车辆插座组成。统一的接口结构是保证电动汽车充电安全性、互换性的基础。在电动汽车的产业化过程中,充电接口的标准化至关重要。

就最基础的充电接口标准来说,世界主要有多个成体系的标准,有国际电工委员会(IEC)提出的标准;有美国汽车工程师协会(SAE)提出的标准;有由日本电动汽车协会(JEVS)和日本电动车充电协会(CHADEMO)联合创立的标准;欧洲汽车工业协会(ACEA)也提出了标准,德国和欧盟国家电动汽车期待执行的就是这个标准。中国在2006年就发布了《电动汽车传导充电用插头、插座、车辆耦合器和车辆插孔通用要求》,这个国家标准主要借鉴了国际电工委员会(IEC)2003年提出的标准。目前我国最新的电动汽车充电接口及通信协议标准在2015年批准发布实施,即《电动汽车传导充电用连接装置 第1部分:通用要求》(GB/T 20234.1—2015)、《电动汽车传导充电用连接装置 第2部分:交流充电接口》(GB/T 20234.2—2015)、《电动汽车传导充电用连接装置 第3部分:直流充电接口》(GB/T 20234.3—2015)、《电动汽车非车载传导式充电机与电池管理系统之间的通信协议》(GB/T 27930—2015)和《电动汽车传导充电系统 第1部分:通用要求》(GB/T 18487.1—2015)。这几项标准的发布,标志着我国充电接口实现了国家层面上的标准统一。

1. 交流充电接口

电动汽车传导充电用的交流充电接口,其额定电压不超过 440 V(AC),频率 50 Hz,额定电流不超过 63 A(AC)(如果交流充电接口的供电接口使用了符合 GB 2099.1 和 GB 1002的标准化的插头、插座,则本部分不适于这些插头、插座)。

考虑民用充电设施的安全、能源供给端的合理规划及乘用车辆的实际能源补给需求等问题,采用额定电流不超过 32 A 的单相交流供电方式。

交流充电接口是为具有车载充电机的乘用车辆提供能源补给的连接接口。交流充电接口包含 7 个触头,其功能定义如表 3.1.3。交流充电接口插头和插座的各个触头布置方式如图 3.1.21 所示。

表 3.1.3 交流充电接口触头功能定义

触头编号	触头标识	额定电压和额定电流	功能定义
1	L1	250 V 10 A/16 A/32 A	交流电源(单相)
		440 V 16 A/32 A/63 A	交流电源(三相)
2	L2	440 V 16 A/32 A/63 A	交流电源(三相)
3	L3	440 V 16 A/32 A/63 A	交流电源(三相)
4	N	250 V 10 A/16 A/32 A	中线(单相)
		440 V 16 A/32 A/63 A	中线(三相)
5	⏚	—	保护接地(PE),连接供电设备地线和车辆电平台
6	CC	0 V~30 V 2 A	充电连接确认
7	CP	0 V~30 V 2 A	控制导引

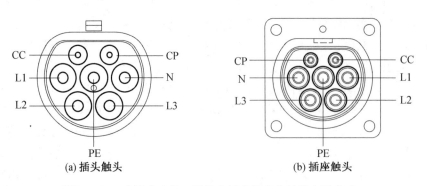

(a) 插头触头　　　　　　　(b) 插座触头

图 3.1.21 交流充电接口插头和插座的各个触头布置方式

在充电连接过程中,首先接通保护接地触头,最后接通控制导引触头与充电连接确认触头。在脱开的过程中,首先断开控制导引触头与充电连接确认触头,最后断开保护接地触头。车辆接口的电气连接界面如图 3.1.22 所示。充电模式 3 的供电接口的电气连接界面如图 3.1.23 所示。

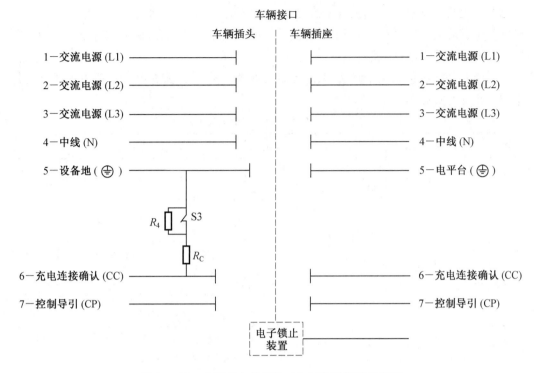

图 3.1.22　交流充电车辆接口电气连接界面示意图

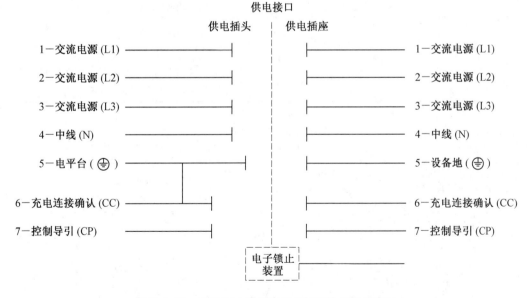

图 3.1.23　交流充电供电接口电气连接界面示意图

2. 直流充电接口

可利用非车载充电机将交流电转换成直流电,通过直流充电接口完成充电过程。直流充电接口一般情况下承载的电流远高于交流充电,同时在充电过程中需通过直流充电接口中的通信端子(CAN)连接车载电池管理系统(BMS)与非车载充电机的控制器,完成对充电过程的控制及其他相关信息的交互。此外，由于商用车辆在充电过程中需要外部提供低压直流电源，以供其内部电气控制及环境控制设备使用，因此采用直流充电的车辆需要充电设施提供辅助电源。

直流充电接口包含9个触头，其功能定义如表3.1.4，直流充电接口插头和插座的各个触头布置方式如图3.1.24所示。

表3.1.4 直流充电接口触头功能定义

触头编号	触头标识	额定电压和额定电流	功能定义
1	DC+	750 V/1 000 V 80 A/125 A/200 A/250 A	直流电源正，连接直流电源正与电池正极
2	DC-	750 V/1 000 V 80 A/125 A/200 A/250 A	直流电源负，连接直流电源负与电池负极
3	⏚	—	保护接地（PE），连接供电设备地线与车辆电平台
4	S+	0 V～30 V 2 A	充电通信CAN-H，连接非车载充电机与电动汽车的通信线
5	S-	0 V～30 V 2 A	充电通信CAN-L，连接非车载充电机与电动汽车的通信线
6	CC1	0 V～30 V 2 A	充电连接确认
7	CC2	0 V～30 V 2 A	充电连接确认
8	A+	0 V～30 V 20 A	低压辅助电源正，连接非车载充电机为电动汽车提供低压辅助电源正
9	A-	0 V～30 V 20 A	低压辅助电源负，连接非车载充电机为电动汽车提供低压辅助电源负

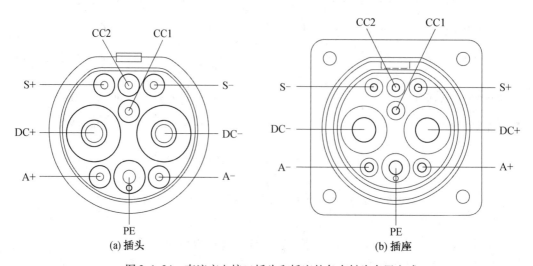

图3.1.24 直流充电接口插头和插座的各个触头布置方式

车辆插头和车辆插座在连接过程中触头耦合的顺序为：保护接地，充电连接确认（CC2），直流电源正与直流电源负，低压辅助电源正与低压辅助电源负，充电通信，充电连接确认（CC1）；在脱开的过程中顺序相反。直流充电接口的连接界面如图 3.1.25 所示。

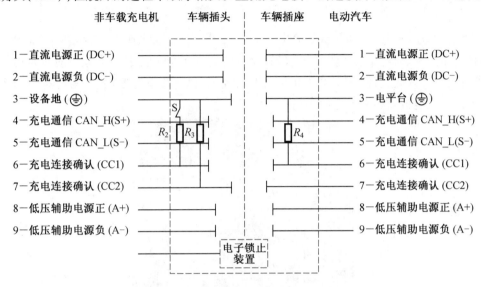

图 3.1.25 直流充电连接界面示意图

电子锁电源由供电设备提供并控制，应具备锁止位置反馈信号功能，以便供电设备能够正确识别出电子锁已将机械锁正确锁止或处于解锁状态。在电子锁未可靠锁止时，应能够发出故障信号，能使供电设备停止充电或不能启动充电。电子锁功能示例如图 3.1.26 所示。直流充电时，车辆插头应安装机械锁，供电设备应能判断机械锁是否可靠锁止；车辆插头应安装电子锁，电子锁处于锁止位置时，机械锁应无法操作，机械锁与电子锁联动供电设备应能判断电子锁是否可靠锁止（如电子锁反馈锁止信号）。

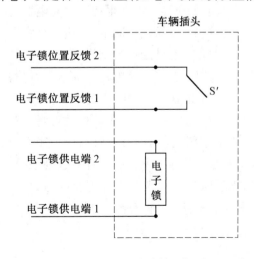

图 3.1.26 电子锁功能示例图

(十)新能源汽车充电操作及注意事项

1. 充电电源选择

电动汽车的逐步普及已是不争的事实,然而目前充电和行程问题成为普及推广的主要瓶颈。

目前,国家电网正在初步规划充电站,由于工程量大、投入成本高、周期长,加上充电时间长、车位少、充电站覆盖点少等缺陷,导致电动汽车车主苦于无法方便地对自己的爱车进行充电。因此,有的车主就会在家里拉出线缆,私自改造充电接口,对电动汽车进行充电,这种充电方式存在安全隐患(图3.1.27)。

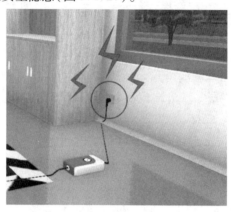

图 3.1.27 私拉电线安全隐患

由于技术和工艺的限制,目前电动汽车车载充电器功率都比较小,一般在 3 kW 左右,采用 220 V 家用电的电流大概在 16 A 左右,而一般情况下入户电流容量最大不超过 16 A,因此,家用电缆会因过载工作而有可能引起火灾。

国家在电动汽车充电方面有标准,建议车主使用充电桩进行充电,因为充电桩能根据供电电源的容量自动限制车载充电器的充电功率,并能在出现故障后安全、可靠地切断电源,避免火灾等事故发生。标准中不建议在没有充电桩的情况下进行充电,更是禁止在没有充电桩的情况下采用三相工业用电进行充电。目前,电动汽车充电市场并未完善,充电手段参差不齐,直接将充电枪插到家用电上充电的现象也并不少见。电动汽车车主需要注意的是,如不按照国家标准或不按照规定的方式进行充电,那么出事故后车主是不能得到国家的相关标准保护的。针对这种情况,北京市出台了相关政策,以后购买电动汽车可标配充电桩,车主以后就可以在物业小区里申请安装充电桩对汽车进行充电。

2. 交流充电(慢充)充电桩和充电口选择

(1)慢充充电桩。

慢充充电的充电桩和主要技术参数,如图 3.1.28 所示。它可以采用停车位桩体式(落地安装)(250 V/AC32 A/16 A)和家

图 3.1.28 交流充电桩和主要技术参数

用车库挂壁式(250 V/AC16 A)充电桩,也可以采用家用插座交流充电器(240 V/AC8 A),如图3.1.29至图3.1.31所示。

图 3.1.29　车位桩体式充电桩

图 3.1.30　家用车库壁挂式充电桩

图 3.1.31　家用插座交流充电器

(2)慢充充电口。

慢充充电口在实车上的位置,如图3.1.32所示。

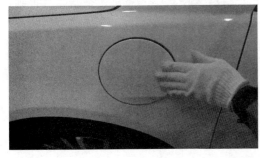

图 3.1.32　慢充充电口的位置(吉利帝豪 EV450)

3.直流充电(快充)充电桩和充电口选择

(1)快充充电桩。

直流充电的充电桩和主要技术参数,如图3.1.33所示。

(2)快充充电口。

快充充电口在实车上的位置,如图3.1.34所示。

图 3.1.33 直流充电的充电桩和主要技术参数

 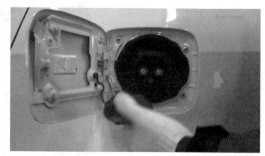

图 3.1.34 快充充电口在实车上的位置(吉利帝豪 EV450)

4. 充电时的注意事项

(1)混合动力车辆插有充电电缆时不要加油,与易燃物品保持充足安全距离。否则,未按规定插入或拔出充电电缆时,存在因燃油燃烧等导致人员受伤或物品损坏的危险。

(2)通过家用插座为高电压动力蓄电池充电,会导致插座上出现较高持续负荷。因此必须遵守以下说明:

①不要使用适配器或延长电缆。

②充电结束后首先拔出车上的充电插头,然后再拔出墙上的充电插头。

③避免绊倒危险以及充电电缆和插座机械负荷。

④不要将充电插头插在损坏的插座上。

⑤不要使用损坏的充电电缆。

⑥为高电压动力蓄电池充电时,充电插头和充电电缆可能会变热。如果变得过热,则此充电插座不适于进行充电或充电电缆已损坏。应立即中止充电并让电气专业人员进行检查。

⑦反复出现充电故障或中断情况时,联系具有专业资质的维修人员。

⑧仅使用防潮和防侵蚀的插座。

⑨不要用手指或物体接触插头触点区域。
⑩切勿自行维修或改进充电电缆。
⑪进行清洁前将电缆两侧拔出,注意不要将电缆浸入液体内。
⑫充电期间不允许进行自动洗车。
⑬仅在经过电气专业人员检查的插座上进行充电。
⑭在不了解的基础设施/插座上充电时,遵守用户手册内的特殊说明。在车上将充电电流设置为"较低"。

四、任务实施

(一)工作准备

(1)防护装备:常规实训着装。
(2)车辆、台架、总成:吉利 EV450 或其他新能源汽车。
(3)专用工具、设备:充电桩。
(4)手工工具:无。
(5)辅助材料:无。

(二)实施步骤

根据实训室的车辆配置,参照前文的内容,识别新能源汽车充电系统的组成部件,能够介绍其功能及原理,并能按规范对新能源汽车进行充电。

注意:

(1)动力蓄电池充电过程中,电池管理系统会自动控制充电电流的大小,当动力蓄电池充至满电状态时,电池管理系统会自动终止对动力蓄电池包的充电。

(2)当环境温度太低时,插上充电接头以后,电池管理系统会自动先对电池进行加热,当温度合适以后才对动力蓄电池进行充电。

以吉利 EV450 纯电动汽车为例,介绍新能源汽车充电口指示灯检查内容。

(1)准备车辆(如图 3.1.35)。
(2)打开慢充口盖(如图 3.1.36)。

图 3.1.35　吉利 EV450 慢充口

图 3.1.36　慢充口

(3)使用手电筒目视检查充电口是否有异物、损坏(如图 3.1.37)。
(4)观察充电口指示灯颜色,充电口指示灯为蓝色常亮,说明指示灯工作正常(如图 3.1.38)。

图3.1.37　检查慢充口

图3.1.38　观察慢充口灯光颜色

(5)打开快充口盖(如图3.1.39)。

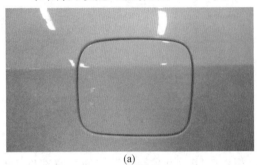
(a)

(b)

图3.1.39　快充口

(6)使用手电筒目视检查充电口是否有异物、损坏(如图3.1.40)。

图3.1.40　检查快充口

(7)连接充电枪,充电口指示灯为绿色循环闪烁(如图3.1.41),说明车辆正在充电(如图3.1.42),充电完成后,指示灯为绿色常亮。

图3.1.41　充电指示灯

图3.1.42　正在充电

(8)断开充电枪(如图3.1.43)。

图 3.1.43　断开充电枪

(9)关闭充电口盖(如图3.1.44)。

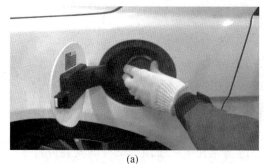
(a)

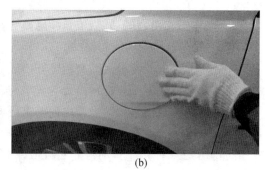
(b)

图 3.1.44　关闭充电口盖

任务二　新能源汽车充电系统的检修

一、任务引入

一辆新能源汽车无法充电,主管诊断为车载充电机损坏。你能进行更换吗?

二、任务要求

知识要求:
1. 能够描述车载充电器的功能、位置和电路。
2. 能够描述新能源汽车充电接口和通信协议。
3. 能够描述充电桩的功用和类型。
4. 能够描述新能源汽车充电系统故障诊断和检修方法。
5. 理解交流充电控制导引电路与控制原理。
6. 理解直流充电控制导引电路与控制原理。

能力要求:
1. 能够进行车载充电器的拆装。
2. 能够正确使用外部充电桩进行充电。

职业素养要求:
1. 严格执行汽车检修规范,养成严谨科学的工作态度。
2. 养成总结训练结果的习惯,为下次训练积累经验。
3. 尊重他人劳动,不窃取他人成果。
4. 养成团结协作的精神。
5. 严格执行5S现场管理。

三、相关知识

(一)车载充电器的功能、位置和电路

1. 车载充电器的功能

(1)车载充电器将输入的交流电转换成直流电输出,为动力蓄电池充电。

(2)车载充电器工作过程需要与充电桩、BMS、VCU等部件进行通信。

(3)车载充电器根据动力蓄电池需求可调节输出功率。

2. 车载充电器的安装位置

如图3.2.1所示是吉利帝豪EV450车载充电器及充电系统组成部件的安装位置。

图 3.2.1 充电系统部件

1—车载充电机(如配备);2—驱动电机控制器;3—交流充电接口;
4—直流充电接口;5—交流充电接口应急解锁

3. 车载充电器的电路

如图3.2.2所示是吉利帝豪EV450充电系统电路图。

如图3.2.3所示是吉利帝豪EV450车载充电器图。

项目三 新能源汽车充电系统的检修

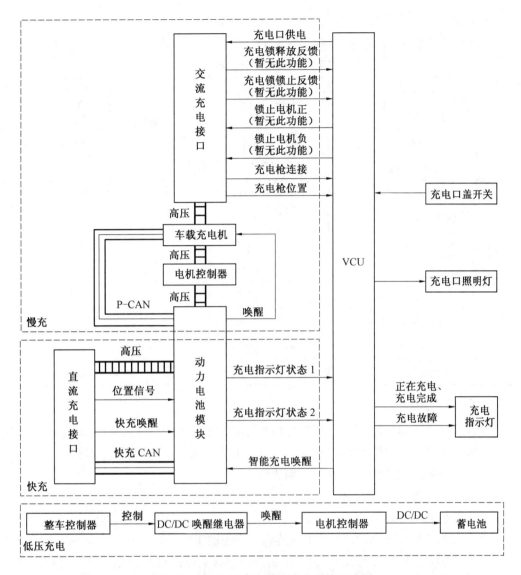

图 3.2.2 吉利帝豪 EV450 充电系统电路图

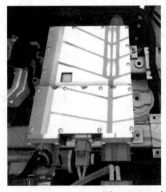

图 3.2.3 吉利帝豪 EV450 车载充电器

4. 车载充电机技术参数

吉利帝豪 EV450 车载充电机的技术参数,如表 3.2.1 所示。

表 3.2.1　车载充电机技术参数

项目	参数	单位
输入电压	90～264	V
输入频率	50±2%	Hz
输入最大电流	16	A
输出电压	直流 200～450	V
输出最大功率	6.6	kW
输出最大电流	32	A
效率	≥93%	—
质量	10.5	kg
工作温度	−40～80	℃
冷却液类型	50%水+50%乙二醇	—
冷却液流量要求	2～6	L/min

5. 软关断控制器

为了保证电源切断时,避免立即断电对电器模块造成大电压的冲击,增加了软关断控制器。给高压负载一个卸载时间。当钥匙从 ON 挡转向关闭后,高压电源会延迟 3 s 断电。

(二)交流充电控制导引电路与控制原理

1. 交流充电控制导引电路

(1)充电模式 3。

当电动汽车使用充电模式 3 进行充电时,应使用如图 3.2.4(连接方式 A)、图 3.2.5(连接方式 B)、图 3.2.6(连接方式 C)所示的控制导引电路进行充电连接装置的连接确认及额定电流参数的判断。该电路由供电控制装置、接触器 K_1 和 K_2、电阻 R_1、R_2、R_3、R_4、R_C、二极管 D_1、开关 S_1、S_2、S_3、车载充电机和车辆控制装置组成,其中车辆控制装置可以集成在车载充电机或其他车载控制单元中。电阻 R_4、R_C 安装在车辆插头上。开关 S_1 为供电设备内部开关。开关 S_2 为车辆内部开关,在车辆接口与供电接口完全连接,并且配置了电子锁的接口被完全锁止后,当车载充电机自检测完成后无故障,并且电池组处于可充电状态时,S_2 闭合(如果车辆设置有"充电请求"或"充电控制"功能,则同时应满足车辆处于"充电请求"或"可充电"状态)。开关 S_3 为车辆插头的内部常闭开关,与插头上的下压按钮(用以触发机械锁止装置)联动,按下按钮解除机械锁止功能的同时,S_3 处于断开状态。控制导引电路中也可以不配置开关 S_2,无 S_2 开关的车辆应采用单相充电,且最大充电电流不超过 8 A。对于未配置开关 S_2 的控制导引电路,等同于开关 S_2 为常闭状态(出于用户安全考虑,不推荐使用无 S_2 的控制导引电路)。

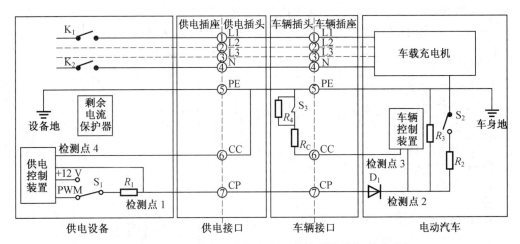

图 3.2.4　充电模式 3 连接方式 A 的控制导引电路原理图

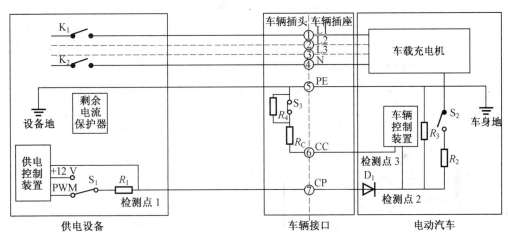

图 3.2.5　充电模式 3 连接方式 B 的控制导引电路原理图

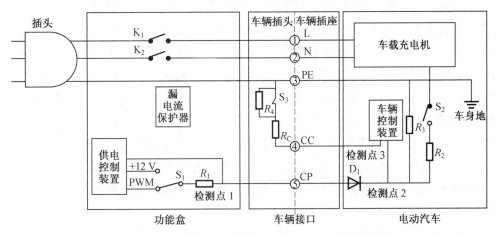

图 3.2.6　充电模式 3 连接方式 C 的控制导引电路原理图

(2)充电模式2。

当电动汽车使用充电模式2的连接方式B进行充电时,推荐使用如图3.2.7所示的控制导引电路进行充电连接装置的连接确认及额定电流参数的判断。

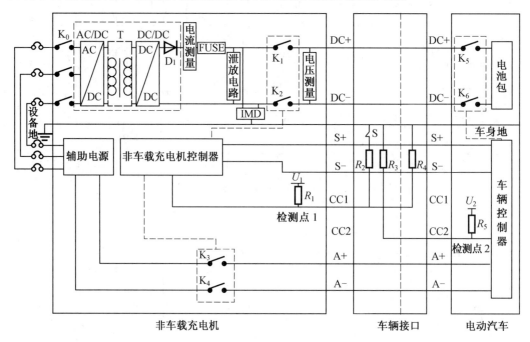

图3.2.7 充电模式2连接方式B的控制导引电路原理图

2. 控制导引电路的基本功能

(1)连接确认与电子锁。

车辆控制装置通过测量检测点3与PE之间的电阻值来判断车辆插头与车辆插座是否完全连接(对于连接方式B和连接方式C)。完全连接后,如车辆插座内配备有电子锁,电子锁应在开始供电(K_1与K_2闭合)前锁定车辆插头并在整个充电流程中保持。如不能锁定,由电动车辆决定下一步操作,例如继续充电流程,通知操作人员并等待进一步指令或终止充电流程。供电控制装置通过测量检测点1或检测点4的电压来判断供电插头和供电插座是否完全连接(对于连接方式A和连接方式B)。完全连接后,如供电插座内配备有电子锁,供电插座内电子锁应在开始供电(K_1与K_2闭合)前锁定供电插头并在整个充电流程中保持。如不能锁定,终止充电流程并提示操作人员。

(2)充电连接装置载流能力和供电设备供电功率的识别。

车辆控制装置通过测量检测点3与PE之间的电阻值来确认当前充电连接装置(电缆)的额定容量;通过测量检测点2的PWM信号占空比确认当前供电设备的最大供电电流。

(3)充电过程的监测。

充电过程中,车辆控制装置应对检测点3与PE之间的电阻值(对于连接方式B和连接方式C)及检测点2的PWM信号占空比进行监测,供电控制装置应对检测点4及检测点1(对于充电模式3的连接方式A和连接方式B)的电压值进行监测。

(4)充电系统的停止。

在充电过程中,当充电完成或因为其他原因不能满足继续充电的条件时,车辆控制装置和供电控制装置分别停止充电的相关控制功能。

3. 充电过程的工作控制程序

(1)车辆插头与车辆插座插合,使车辆处于不可行驶状态。

当车辆插头与车辆插座插合后(方式A下为供电插头与供电插座),车辆的总体设计方案可以自动启动某种触发条件(如打开充电门、车辆插头与车辆插座连接或者对车辆的充电按钮、开关等进行功能触发设置),通过互锁或者其他控制措施使车辆处于不可行驶状态。

(2)确认供电接口已完全连接(对于充电模式3的连接方式A和连接方式B)。

供电控制装置通过测量检测点1或检测点4的电压值来判断供电插头与供电插座是否完全连接。

(3)确认车辆接口已完全连接(对于连接方式B和连接方式C)。

车辆控制装置通过测量检测点3与PE之间的电阻来判断车辆插头与车辆插座是否完全连接。未连接时,S_3处于闭合状态,CC未连接,监测点3与PE之间的电阻值为无限大;半连接时,S_3处于断开状态,CC已连接,监测点3与PE之间的电阻值为R_C+R_4;完全连接时,S_3处于闭合状态,CC已连接,检测点3与PE之间的电阻值为R_C。

(4)确认充电连接装置是否已完全连接。

如供电设备无故障,并且供电接口已完全连接(对于充电模式3的连接方式A和连接方式B),则开关S_1从+12 V连接状态切换至PWM连接状态,供电控制装置发出PWM信号。供电控制装置通过测量检测点1的电压值或检测点4来判断充电连接装置是否已完全连接。车辆控制装置通过测量检测点2的PWM信号,判断充电连接装置是否已完全连接。

(5)车辆准备就绪。

在车载充电机自检完成,且没有故障的情况下,并且电池组处于可充电状态时,车辆控制装置闭合开关S_2(如果车辆设置有"充电请求"或"充电控制"功能,则同时应满足车辆处于"充电请求"或"可充电"状态)。

(6)供电设备准备就绪。

供电控制装置通过测量检测点1的电压值判断车辆是否准备就绪。当检测点1的峰值电压为规定的对应电压值时(如表3.2.2中状态3),则供电控制装置通过闭合接触器K_1和K_2使交流供电回路导通。

表 3.2.2 检测点 1 的电压状态

充电过程状态	充电连接装置是否连接	S_2	车辆是否可以充电	检测点 1 峰值电压（稳定后测量）/V	说明
状态 1	否	断开	否	12	车辆接口未完全连接，检测点 2 的电压为 0
状态 2	是	断开	否	9	S_1 切换至与 PWM 连接状态，R_3 被检测到
状态 3	是	闭合	可	6	车载充电机及供电设备处于正常工作状态

(7) 充电系统的启动。

① 当电动汽车和供电设备建立电气连接后，车辆控制装置通过判断检测点 2 的 PWM 信号占空比确认供电设备的最大可供电能力，并且通过判断检测点 3 与 PE 之间的电阻值来确认电缆的额定容量。车辆的连接状态及 R_C 的电阻值如表 3.2.3。车辆控制装置对供电设备当前提供的最大供电电流值、车载充电机的额定输入电流值及电缆的额定容量进行比较，将其最小值设定为车载充电机当前最大允许输入电流。当车辆控制装置判断充电连接装置已完全连接，并完成车载充电机最大允许输入电流设置后，车载充电机开始对电动汽车进行充电。

表 3.2.3 车辆接口状态及 R_C 的电阻值

状态	R_C	R_4	S_3	车辆接口连接状态及额定电流
状态 A	—	—	—	车辆接口未完全连接
状态 B			断开	机械锁止装置处于解锁状态
状态 C	1.5 kΩ/0.5 W	—	闭合	车辆接口已完全连接，充电电缆容量为 10 A
状态 C′	1.5 kΩ/0.5 W	1.8 kΩ/0.5 W	断开	车辆接口处于半连接状态
状态 D	680 Ω/0.5 W	—	闭合	车辆接口已完全连接，充电电缆容量为 16 A
状态 D′	680 Ω/0.5 W	2.7 kΩ/0.5 W	断开	车辆接口处于半连接状态
状态 E	220 Ω/0.5 W	—	闭合	车辆接口已完全连接，充电电缆容量为 32 A
状态 E′	220 Ω/0.5 W	3.3 kΩ/0.5 W	断开	车辆接口处于半连接状态
状态 F	100 Ω/0.5 W	—	闭合	车辆接口已完全连接，充电电缆容量为 63 A
状态 F′	100 Ω/0.5 W	3.3 kΩ/0.5 W	断开	车辆接口处于半连接状态

电阻 R_C、R_4 的精度为 ±3%

②在充电过程中,当接收到检测点 2 的 PWM 信号时,车载充电机最大允许输入电流设置取决于供电设备的可供电能力、充电线缆载流值和车载充电机额定电流的最小值。

(8)检查供电接口的连接状态及供电设备的供电能力变化情况。

①在充电过程中,车辆控制装置通过周期性监测检测点 2 和检测点 3,供电控制装置通过周期性监测检测点 1 和检测点 4,确认供电接口和车辆接口的连接状态,监测周期不大于 50 ms。

②车辆控制装置对检测点 2 的 PWM 信号进行不间断检测,当占空比有变化时,车辆控制装置根据 PWM 占空比实时调整车载充电机的输出功率,检测周期不应大于 5 s。

(9)正常条件下充电结束或停止。

①在充电过程中,当达到车辆设置的结束条件或者驾驶员对车辆实施了停止充电的指令时,车辆控制装置断开开关 S_2,并使车载充电机处于停止充电状态。

②在充电过程中,当达到操作人员设置的结束条件、操作人员对供电装置实施了停止充电的指令时,供电控制装置应能将控制开关 S_1 切换到+12 V 连接状态,当检测到 S_2 开关断开时在 100 ms 内通过断开接触器 K_1 和 K_2 切断交流供电回路,超过 3 s 未检测到 S_2 断开则可以强制带载断开接触器 K_1 和 K_2 切断交流供电回路。连接方式 A 或连接方式 B 时,供电接口电子锁在交流供电回路切断 100 ms 后解锁。

(10)非正常条件下充电结束或停止。

①在充电过程中,车辆控制装置通过检测 PE 与检测点 3 之间的电阻值(对于连接方式 B 和连接方式 C)来判断车辆插头和车辆插座的连接状态,如判断开关 S_3 由闭合变为断开(状态 B),则车辆控制装置控制车载充电机在 100 ms 内停止充电,然后断开 S_2(若车辆配置 S_2)。

②在充电过程中,车辆控制装置通过检测 PE 与检测点 3 之间的电阻值(对于方式 B 和方式 C)来判断车辆插头和车辆插座的连接状态,如判断车辆接口由完全连接变为断开(状态 A),则车辆控制装置控制车载充电机停止充电,然后断开 S_2(若车辆配置 S_2)。

③在充电过程中,车辆控制装置通过对检测点 2 的 PWM 信号进行检测,当信号中断时,则车辆控制装置控制车载充电机应能在 3 s 内停止充电,然后断开 S_2(若车辆配置 S_2)。

④在充电过程中,如果检测点 1 的电压值为 12 V(状态 1)、9 V(状态 2)或者其他非 6 V(状态 3)的状态,则供电控制装置应在 100 ms 断开交流供电回路。

⑤在充电过程中,供电控制装置通过对检测点 4 进行检测(对于充电模式 3 的连接方式 A 和连接方式 B),如检测到供电接口由完全连接变为断开(状态 A),则供电控制装置控制开关 S_1 切换到+12 V 连接状态并在 100 ms 内断开交流供电回路。

⑥在充电过程中,如果剩余电流保护器(漏电断路器)动作,则车载充电机处于失电状态,车辆控制装置断开开关 S_2。

⑦供电设备检测车载充电机实际工作电流,当供电设备 PWM 信号对应的最大供电电流≤20 A,且车载充电机实际工作电流超过最大供电电流+2 A 并保持 5 s 时或供电设备 PWM 信号对应的最大供电电流大于 20 A,且车载充电机实际工作电流超过最大供电电流的 1.1 倍并保持 5 s 时,供电设备应在 5 s 内断开输出电源并控制开关 S_1 切换到+12 V 连接状态。

⑧当车辆 S_2 断开(检测点 1 的电压值为 9 V)时,供电控制装置应在 100 ms 内断开交流供电回路,持续输出 PWM。

注:如供电控制装置因充电连接装置由完全连接变为断开(状态 A 和状态 1)的原因而切断供电回路并结束充电时,则操作人员需要检查和恢复连接,并重新启动充电设置才能进行充电。

⑨在供电接口已完全连接但未闭合交流供电回路时,如果发生连接异常,供电控制装置应在 100 ms 内控制开关 S_1 切换到+12 V 连接状态且不闭合交流供电回路。

(三)直流充电控制导引电路与控制原理

1. 控制导引电路(如图 3.2.8)

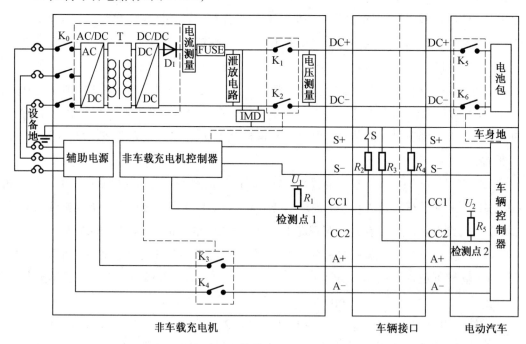

图 3.2.8 直流充电控制导引电路原理图

注:1. 图中二极管 D1 防止反向电流,可采用其他电路替代。
2. 泄放电路中应具备投切功能。
3. 绝缘检测电路应具备投切功能。

2. 控制导引电路参数

直流充电控制导引电路参数如表 3.2.4 所示。

表 3.2.4 直流充电控制导引电路的参数

对象	参数[a]	符号	单位	标称值	最大值	最小值
非车载充电机	R_1 等效电阻	R_1	Ω	1 000	1 030	970
	上拉电压	U1	V	12	12.6	11.4
	测试点 1 电压	U1a	V	12	12.8	11.2
		U1b	V	6	6.8	5.2
		U1c	V	4	4.8	3.2
车辆插头	R_2 等效电阻	R_2	Ω	1 000	1 030	970
	R_3 等效电阻	R_3	Ω	1 000	1 030	970
车辆插座	R_4 等效电阻	R_4	Ω	1 000	1 030	970
电动汽车	R_5 等效电阻	R_5	Ω	1 000	1 030	970
	上拉电压	U2[b]	V	12	12.6	11.4
	测试点 2 电压	U2a[b]	V	12	12.8	11.2
		U2b[b]	V	6	6.8	5.3

注:[a] 在使用环境条件下和可用寿命都要保持精度范围。

[b] 车辆厂家可自定义。

3.充电控制过程

(1)将车辆插头与车辆插座插合,使车辆处于不可行驶状态。

将车辆插头与车辆插座插合,车辆的总体设计方案可以自动启动某种触发条件(如打开充电门、车辆插头与车辆插座连接或对车辆的充电按钮、开关等进行功能触发设置),通过互锁或其他控制措施使车辆处于不可行驶状态。

(2)车辆接口连接确认。

操作人员对非车载充电机进行充电设置后,非车载充电机控制装置通过测量检测点 1 的电压值判断车辆插头与车辆插座是否已完全连接,当检测点 1 电压值为 4 V 时,则判断车辆接口完全连接。

(3)非车载充电机自检。

在车辆接口完全连接后,闭合 K_3 和 K_4,使低压辅助供电回路导通;闭合 K_1 和 K_2,进行绝缘检测,绝缘检测时的输出电压应为车辆通信握手报文内的最高允许充电总电压和供电设备额定电压中的较小值;绝缘检测完成后,将 IMD(绝缘检测)以物理的方式从强电回路中分离,并投入泄放回路对充电输出电压进行泄放,非车载充电机完成自检后断开 K_1 和 K_2。同时开始周期发送通信握手报文。如果车辆需要使用非车载充电机提供低压辅助电源,则在得到非车载充电机提供的低压辅助电源供电后,车辆控制装置通过测量检测点 2 的电压值判断车辆接口是否完全连接;如果车辆不需要使用非车载充电机提供低压辅助电源,则直接测量检测点 2 电压值判断车辆接口是否连接。如检测点 2 的电压值为 6 V，则车辆控制装置开始周期发送通信握手报文。

（4）充电准备就绪。

车辆控制装置与非车载充电机控制装置在配置阶段时，车辆控制装置闭合 K_5 和 K_6，使充电回路导通；非车载充电机控制装置检测到车辆端电池电压正常（确认接触器外端电压：与通信报文电池电压误差范围 $\leqslant \pm 5\%$，且大于充电机最低输出电压且小于充电机最高输出电压）后闭合 K_1 和 K_2，使直流供电回路导通。

（5）充电阶段。

在充电阶段，车辆控制装置向非车载充电机控制装置实时发送电池充电需求参数，调整充电电流下降时：$\Delta I \leqslant 20$ A，最长在 1 s 内将充电电流调整到与命令值相一致；$\Delta I > 20$ A，最长在 $\Delta I/\text{dlmins}$（dlmin 为最小充电速率，20 A/s）内将充电电流调整到与命令值相一致。非车载充电机控制装置根据电池充电需求参数实时调整充电电压和充电电流。此外，车辆控制装置和非车载充电机控制装置还相互发送各自的状态信息。在充电过程中，车端应能检测 PE 针断线。

（6）正常条件下充电结束。

车辆控制装置根据电池系统是否达到满充状态或是否收到"充电机中止充电报文"来判断是否结束充电。在满足以上充电结束条件时，车辆控制装置开始周期发送"车辆控制装置（或电池管理系统）中止充电报文"，在确认充电电流变为小于 5 A 后断开 K_5 和 K_6。当达到操作人员设定的充电结束条件或收到"车辆控制装置（或电池管理系统）中止充电报文"后，非车载充电机控制装置周期发送"充电机中止充电报文"，并控制充电机停止充电以不小于 100 A/s 的速率减小充电电流，当充电电流小于或等于 5 A 时，断开 K_1 和 K_2。当操作人员实施了停止充电指令时，非车载充电机控制装置开始周期发送"充电机中止充电报文"，并控制充电机停止充电，在确认充电电流变为小于 5 A 后断开 K_1、K_2，并再次投入泄放回路，然后再断开 K_3、K_4。

（7）非正常条件下充电中止。

①在充电过程中，如果非车载充电机出现不能继续充电的故障，则向车辆周期发送"充电机中止充电报文"，并控制充电机停止充电，应在 100 ms 内断开 K_1、K_2、K_3 和 K_4。

②在充电过程中，如果车辆出现不能继续充电的故障，则向非车载充电机发送"车辆中止充电报文"，并在 300 ms（由车辆根据故障严重程度决定）内断开 K_5 和 K_6。

③在充电过程中，非车载充电机控制装置如发生通信超时，则非车载充电机停止充电，应在 10 s 内断开 K_1、K_2、K_5、K_6；非车载充电机控制装置发生 3 次通信超时即确认通信中断，则非车载充电机停止充电，应在 10 s 内断开 K_1、K_2、K_3、K_4、K_5、K_6。

④在充电过程中，非车载充电机控制装置通过对检测点 1 的电压进行检测，如果判断开关 S 由闭合变为断开，应在 50 ms 内将输出电流降至 5 A 或以下。

⑤在充电过程中，非车载充电机控制装置通过对检测点 1 的电压进行检测，如果判断车辆接口由完全连接变为断开，则控制非车载充电机停止充电，应在 100 ms 内断开 K_1、K_2、K_3 和 K_4。

⑥在充电过程中,非车载充电机输出电压若大于车辆最高允许充电总电压,则非车载充电机应在 1 s 内停止充电,并断开 K_1、K_2、K_3、K_4。

注:如果非车载充电机因严重故障结束充电,重新启动充电需要操作人员进行完整的充电启动设置。

4. 充电电路原理

(1)在充电机端和车辆端均设置 IMD 电路,供电接口连接后到 K_5、K_6 合闸充电之前,由充电机负责充电机内部(含充电电缆)的绝缘检查;充电机端的 IMD 回路通过开关从充电直流回路断开,且 K_5、K_6 合闸之后的充电过程期间,由电动汽车负责整个系统的绝缘检查。充电直流回路 DC+、PE 之间的绝缘电阻,与 DC-、PE 之间的绝缘电阻(两者取小值 R),当 $R>500 \ \Omega/V$ 视为安全;$100 \ \Omega/V<R\leqslant 500 \ \Omega/V$ 时,宜进行绝缘异常报警,但仍可正常充电;$R\leqslant 100 \ \Omega/V$ 视为绝缘故障,应停止充电。

(2)充电机进行 IMD 检测后,应及时对充电输出电压进行泄放,避免在充电阶段对电池负载产生电压冲击。充电结束后,充电机应及时对充电输出电压进行泄放,避免对操作人员造成电击伤害。泄放回路的参数选择应保证在充电连接器断开后 1 s 内将供电接口电压降到 60 V 以下。

(3)因停电等原因,充电回路或控制回路失去电力时,非车载充电机应在 1 s 以内断开 K_1、K_2 或通过泄放回路在 1 s 以内将充电接口电压降到 60 V 以下。

(四)新能源汽车充电系统常见故障与检修

1. 仪表故障指示灯说明

以吉利帝豪 EV450 汽车为例,充电指示灯图以及介绍如表 3.2.5 所示。仪表充电系统相关的故障指示灯如表 3.2.6 所示。

表 3.2.5 充电指示灯图以及介绍

序号	显示	名称	指标说明	
1		充电线指示灯	点亮表示充电线连接。信号来源是 VBU 给出的硬线信号	
2		充电提示灯	电量过低时点亮,信号来源是 VBU 的 CAN 信号	
3		剩余电量表	当前 SOC 范围	剩余电量表 LED 点亮数目
			SOC>82%	5
			82%≥SOC>62%	4
			62%≥SOC>42%	3
			42%≥SOC>22%	2
			22%≥SOC>5%	1
			SOC≤5%	0

表 3.2.6 充电系统指示灯说明

颜色	状态	说明
白色	常亮 2 min	充电照明
黄色	常亮 2 min	充电加热
绿色	闪烁 2 min	充电过程
蓝色	常亮 2 min	预约充电
绿色	常亮 2 min	充电完成
红色	常亮 2 min	充电故障
蓝色	闪烁 2 min	放电过程

2. 车载充电器常见的故障与检修

车载充电器故障信息将通过 CAN 总线报至总线上,通过 CAN 总线可以找出发生的故障信息。

车载充电器常见的故障如下:

(1) 12 V 低压供电异常。

当充电器 12 V 模块异常时,BMS、仪表等由于没有唤醒信号唤醒,无法与充电器进行通信。

当 12 V 未上电,最简单的判断方式就是交流上电的时候,电池没有发出继电器闭合的声音,一般都是 12 V 异常。需要检查低压熔断丝盒内充电唤醒的熔断丝及继电器,以及充电器端子是否出现退针的情况。

(2) 充电器检测的电池电压不满足要求。

在充电过程中,BMS 可以正常工作,但充电器工作开始前需要检测动力蓄电池电压,当动力蓄电池电压在工作范围内,车载充电器可以正常工作,否则充电器认为电池不满足充电的要求。此情况常见原因为,高压插件端子退针或高压熔断丝熔断,或者电池电压超过工作范围。

(3) 充电器检测与充电桩握手不正常。

充电器工作过程中会检测与充电桩之间的握手信号,当判断到 CC 的开关断开,充电器认为此时将要拔掉充电枪,此时会停止工作,防止带电插拔,以提升充电枪端子寿命。当充电枪未插到位,可能出现此情况。如图 3.2.9 所示是充电器显示的状态。车载充电接口与指示灯介绍,如图 3.2.10 所示。

(4) 充电桩输入电压正常,由于施工时电源线不符合标准所引起的无法充电故障。

车辆在低温环境下,充电桩与充电器连接正常,由于车辆动力蓄电池低温下需将电芯加热至 0~5 ℃时,才能进行正常充电。加热过程时,负载较小,电压下降并不多,进入充电过程时,负载加大,输入电压下降,充电桩为充电器提供的电源电压低于 187 V 时,充电器无法正常工作,充电器停止工作后,负载减小,测量时电压又恢复正常。针对这种情况,一定要在充电器进入充电过程时准确测量当时的电压,以找到故障所在。

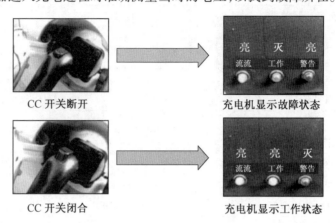

图 3.2.9 充电器显示的状态

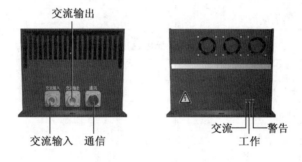

图 3.2.10 车载充电接口与指示灯介绍

3. 快充常见的故障与检修

(1)充电桩显示车辆未连接的解决方案。

①检查快充口 CC1 端与 PE 端是否有 1 000 Ω 电阻。

②检查快充口导电层是否脱落。

③检查充电枪 CC2 与 PE 是否导通。

(2)动力蓄电池继电器未闭合的解决方案。

①检查充电桩输出正极唤醒信号是否正常。

②检查充电桩输出负极唤醒信号与 PE 是否导通。

③检查充电桩 CAN 通信是否正常。

(3)电池继电器正常闭合,但无输出电流的解决方案。

①检查充电桩与动力蓄电池 BMS 软件版本是否匹配。

②检查高压连接器及线缆是否正确连接。

③用诊断仪查看充电监控状态,以吉利帝豪 EV450 为例,如表 3.2.7、表 3.2.8 所示。

表 3.2.7 充电系统故障诊断数据流列表

DID 描述	正常范围	单位
ECU 电压	9~16	V
故障发生计数器	0~255	time
第一次发生故障时汽车里程	—	km
最后一次发生故障时汽车里程	—	km
CC 检测	—	—
CP 检测	—	—
电子锁马达状态	—	—
电网输入电流	0~16	A
电网输入电压	0~264	V
充电机输出电流	0~12	A
充电机输出电压	0~420	V
引导电路电压	0~16	V
引导电路占空比	0~100	%
引导电路周期	0~1 050	Hz

表 3.2.8 充电监控状态表

名称	当前值	单位
动力蓄电池充电请求	请求充电	—
动力蓄电池加热状态	未加热	—
动力蓄电池当前充电状态	充电状态	—
动力蓄电池允许最大充电电流	10.0	A
动力蓄电池加热电流请求值	6.0	A
动力蓄电池允许最高充电端电压	370.00	V
剩余充电时间	0	min
CHG 初始化状态	已完成	—
动力蓄电池加热状态	停止加热	—
充电机当前充电状态	正在充电	—
充电机输出端电流	7.5	A
充电机输出端电压	3 353.0	V
充电机输出端过压保护故障	正常	—
充电机输出端欠压保护故障	正常	—
充电机输出电流过流保护故障	正常	—
充电机过温保护故障	正常	—

(4) DC/DC 转换器不工作的解决方案。

①检查连接器是否正常连接。

②检查高压熔断丝是否熔断。

③检查使能信号输入是否正常(12 V)。
4.慢充常见的故障与检修
以吉利帝豪 EV450 汽车为例,介绍慢充常见的故障诊断与排除方法。
(1)车辆无法充电。

故障现象:车辆在使用充电桩充电时,充电桩指示灯亮,充电器电源工作灯亮,车辆无法充电。

可能原因:动力蓄电池控制器故障、动力蓄电池故障、通信故障。

故障诊断与排除:根据上述故障现象,充电桩和充电器工作指示灯正常,第一个检查对象应为通信和动力蓄电池内部。用故障检测仪检测故障码及数据流,读出故障码:P1048(SOC 过低保护故障)、P1040(电池单体电压欠压故障)、P1046(电池电压不均衡保护故障)、P0275(电池电压不均衡保护故障);读出数据流:动力蓄电池单体电芯最低电压为 2.56 V、动力蓄电池单体电芯最高电压为 3.2 V,单体电芯电压差大于 500 mV 时动力蓄电池管理系统(BMS)启动充、放电保护而无法充电,更换动力蓄电池单体电芯,动力蓄电池故障解除,车辆恢复充电。

故障分析:通过以上故障诊断与排除过程,总结以下动力蓄电池具备充电的条件。
①充电桩与充电器或快充桩与动力蓄电池的通信要匹配。
②车载充电器要能正常工作,无故障。
③整车控制器与充电器、动力蓄电池控制器通信要正常。
④唤醒信号要正常。
⑤整车控制器和动力蓄电池控制器的信号要正常。
⑥单体电芯之间电压差小于 500 mV。
⑦高压电路无绝缘故障。
⑧动力蓄电池内部温度在充电的温度范围内。
(2)充电时充电桩跳闸。

故障现象:车辆在使用充电桩充电时,出现充电桩跳闸,充电器无法充电。

可能原因:充电器内部短路。

故障诊断与排除:检查充电桩交流 220 V 电压、充电桩 CP 线与充电器连接正常,再检查充电线束、高压线束、充电器、动力蓄电池的绝缘均正常,更换充电器,故障排除。

故障分析:因为此车的故障现象是充电桩跳闸,说明唤醒信号和互锁电路正常,基本可以断定是充电器内部短路故障。

(3)充电器指示灯不亮。

故障现象:车辆在使用充电桩充电时,充电器指示灯不亮,车辆无法充电。

可能原因:充电器内部故障、充电唤醒信号中断或互锁电路故障。

故障诊断与排除:检查 FU 低压熔断丝盒内的电池充电熔断丝和充电器低压电源,将万用表旋到直流电压挡测量充电器低压电源正常,再检查充电系统连接插件无退针、锈蚀现象,更换充电器,故障排除。

故障分析:检查充电器低压供电正常,而充电工作指示灯都不亮,基本确定为充电器内部故障。

四、任务实施

(一)工作准备

(1)防护装备:绝缘防护装备。
(2)车辆、台架、总成:吉利帝豪EV450;或同类纯电动汽车。
(3)专用工具、设备:检测仪器、放电工具、万用表、随车充电器、220 V交流电源、外部公用充电桩。
(4)手工工具:绝缘拆装工具一套、手电筒。
(5)辅助材料:高压警告牌、干净抹布。

(二)实施步骤

根据实训室的车辆配置,对新能源汽车充电系统进行故障诊断,并对车载充电器进行拆装。掌握本次实训课所使用仪器及设备的使用方法,并强调实训中的安全注意事项。

操作前注意事项:

拆装工具、万用表、绝缘表、防护工装、绝缘手套等准备齐全,翼子板护罩、警示标牌、隔离栏等放置妥当。

规范标准提示:

(1)车辆维修防护器具配置到位。
(2)车辆检测、维修工具配备齐全。

拆卸规范标准提示:

(1)按照高压系统维修安全操作流程执行下电、放电、检测、维修操作。
(2)高低压插接件拆卸过程中避免破坏针脚。
(3)固定螺栓齐全、完好,螺孔无破损。

吉利帝豪EV450车载充电机的检查、拆装与测试。

(1)将车辆停放至维修工位(如图2.1.20)。
(2)将车辆置于P挡(如图2.1.21)。
(3)拉起驻车制动(如图2.1.22)。
(4)拉起警示隔离带,放置警示牌,铺放绝缘垫(如图2.1.23)。
(5)检查人身安全防护用品(如图2.1.24)。
(6)关闭点火开关(如图2.1.25)。
(7)打开机舱盖,安装车内三件套,放置前格栅布和翼子板布(如图2.1.26)。
(8)检查高低压插接器表面是否完好无损、连接是否牢固(如图3.2.11)。

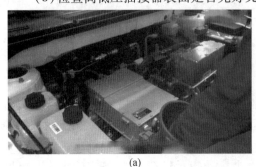 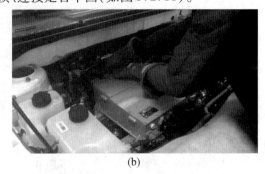

(a) (b)

图3.2.11 检查并晃动高低压插接器插头

(9)检查接地线是否完好无损、连接是否牢固(如图3.2.12)。

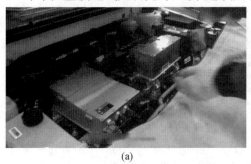 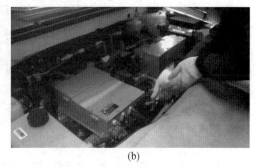

图 3.2.12 检查接地线

(10)戴上绝缘手套,断开低压蓄电池负极电缆(如图3.2.13),用绝缘胶带包裹负极防止虚接。

图 3.2.13 蓄电池负极

(11)断开车载充电机处直流母线,用防护袋套上,防止虚接(如图3.2.14)。

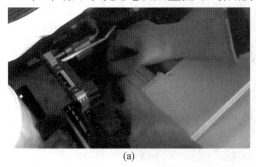 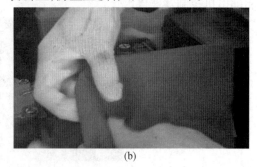

图 3.2.14 车载充电机处直流母线

(12)断开车载充电机与加热器高压线束连接器(如图3.2.15)。

图 3.2.15 车载充电机与加热器高压线束连接器

(13)断开车载充电机与驱动电机控制器高压线束连接器(如图3.2.16)。

图3.2.16　车载充电机与驱动电机控制器高压线束连接器

(14)断开车载充电机线束与交流充电插座总成连接器(如图3.2.17)。

图3.2.17　车载充电机线束与交流充电插座总成连接器

(15)断开车载充电机与驱动电机总成连接水管(如图3.2.18),断开车载充电机与驱动电机控制器连接水管。

图3.2.18　车载充电机与驱动电机总成连接水管

(16)断开车载充电机与低压连接器(如图3.2.19)。

图3.2.19　断开车载充电机与低压连接器

(17)排放冷却液(如图3.2.20)。

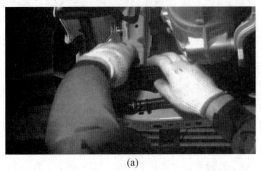
(a)
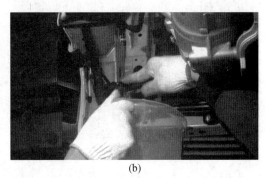
(b)

图3.2.20 排放冷却液

(18)拆卸车载充电机搭铁线(如图3.2.21)。

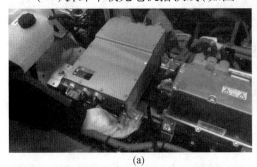
(a)
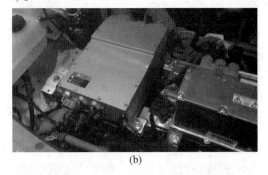
(b)

图3.2.21 车载充电机搭铁线

(19)拆卸车载充电机4颗固定螺丝(如图3.2.22)。

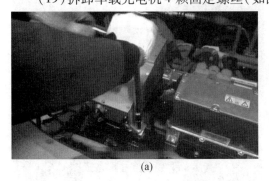
(a)
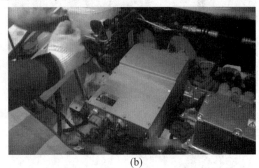
(b)

图3.2.22 车载充电机固定螺丝

(20)取出车载充电机(如图3.2.23)。

(21)L端子对充电机壳体的绝缘电阻,标准电阻大于或等于20 MΩ(如图3.2.24)。

(22)N端子(图3.2.25(a)箭头指示)对充电机壳体的绝缘电阻,标准电阻大于或等于20 MΩ(如图3.2.25(b))。

(23)测量车载充电机输出端HV+对充电机壳体的绝缘电阻,标准电阻大于或等于20 MΩ(如图3.2.26)。

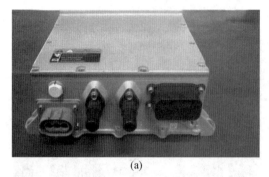 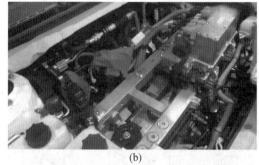

(a)   (b)

图 3.2.23   车载充电机及其放置位置

 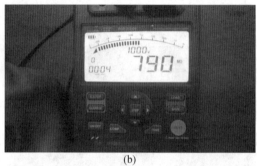

(a)   (b)

图 3.2.24   测量 L 对壳体绝缘电阻

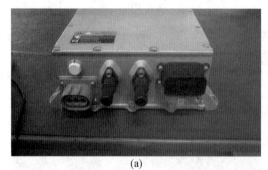 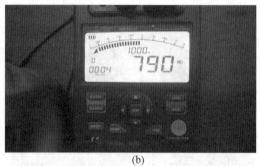

(a)   (b)

图 3.2.25   测量 N 对壳体绝缘电阻

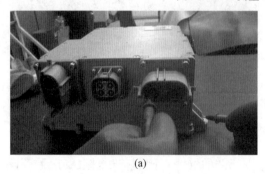 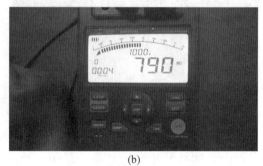

(a)   (b)

图 3.2.26   HV+对充电机壳体的绝缘电阻

(24)测量车载充电机输出端 HV-对充电机壳体的绝缘电阻,标准电阻大于或等于 20 MΩ(如图 3.2.27)。

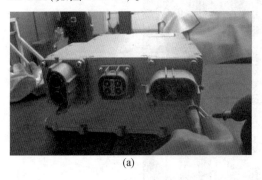
(a)

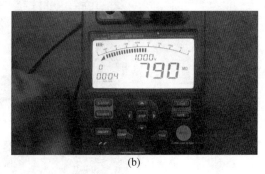
(b)

图 3.2.27　HV-对充电机壳体的绝缘电阻

(25)车载充电机安装步骤与拆卸步骤相反,将车载充电机放在支架上,紧固 4 个固定螺栓(如图 3.2.28)。

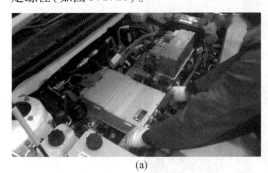
(a)

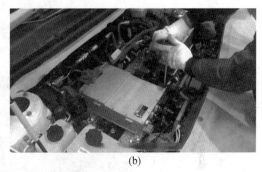
(b)

图 3.2.28　放置车载充电机,紧固螺栓

(26)紧固车载充电机搭铁线线束(如图 3.2.29)。

图 3.2.29　车载充电机搭铁线线束

(27)连接车载充电机与低压连接器(如图 3.2.30)。

(28)连接车载充电机与驱动电机总成连接水管(如图 3.2.31)。

(29)连接车载充电机与驱动电机控制器连接水管(如图 3.2.32)。

图 3.2.30　车载充电机与低压连接器

图 3.2.31　车载充电机与驱动电机总成连接水管

图 3.2.32　车载充电机与驱动电机控制器连接水管

（30）连接车载充电机线束与交流充电插座总成连接器（如图 3.2.33）。

图 3.2.33　车载充电机线束与交流充电插座总成连接器

（31）连接车载充电机内侧加热器高压线束连接器、驱动电机控制器高压线束连接器和直流母线线束连接器（如图 3.2.34）。

图 3.2.34　连接车载充电机周边线束连接器

(32) 连接蓄电池负极电缆。
(33) 加注冷却液至标准液位。
(34) 关闭机舱盖。
(35) 现场 5S 整理。

项目四 新能源汽车空调系统的检修

项目描述

本项目共有三个学习任务,分别是:任务一新能源汽车空调系统的认知;任务二新能源汽车暖风系统的检修;任务三新能源汽车空调制冷系统的检修。

通过三个任务的学习,掌握新能源汽车暖风与空调系统结构组成,能够正确操控使用新能源汽车空调暖风系统,能够对新能源汽车暖风与空调系统进行检修。

任务一 新能源汽车空调系统的认知

一、任务引入

作为一名新能源汽车售后服务顾问,客户需要你向其详细介绍如何操控新能源汽车空调系统,以及新能源汽车空调系统配置的一些新功能该如何正确使用。你能完成这个任务吗?

二、任务要求

知识要求:
1. 能够描述新能源汽车空调系统与传统汽车空调系统的区别。
2. 能够描述新能源汽车送风系统的组成。
3. 能够描述新能源汽车暖风与空调系统通风方式。
4. 能够描述新能源汽车暖风与空调系统空气净化方式。
5. 能够描述新能源汽车暖风与空调系统面板的功能。

能力要求:
1. 能够正确操控新能源汽车的暖风系统。
2. 能够正确操控新能源汽车的空调制冷系统。

职业素养要求:
1. 严格执行汽车检修规范,养成严谨科学的工作态度。
2. 养成总结训练结果的习惯,为下次训练积累经验。
3. 尊重他人劳动,不窃取他人成果。
4. 养成团结协作的精神。
5. 严格执行5S现场管理。

三、相关知识

(一) 空调系统功用

汽车空调系统是对车厢内空气进行制冷、加热、除湿、通风换气装置。可提供舒适的乘车环境，降低驾驶员的疲劳强度，提高行车安全。

空调系统利用空气的热传递效应将空气中的热量向低温处传播；当蒸发器处于低温时，会吸收外部热量，以制冷剂作为传导介质被压缩机抽走，制冷剂经压缩机压缩后温度上升，此时制冷剂温度比外部环境温度高出许多，高温制冷剂流入冷凝器，通过电子风扇向外界排放热量，降低温度，然后经膨胀节流作用生成低温制冷剂流入蒸发器，进行工作循环不断地抽取车厢内的热量，从而达到降温效果。如图 4.1.1 所示

图 4.1.1　汽车空调系统

(二) 新能源汽车送风系统组成

新能源汽车送风系统与传统汽车基本相似，空气通过蒸发器和热交换器形成冷风或暖风和风速，根据驾驶员的需要输送到指定出风口。

新能源汽车送风系统的组成包括鼓风机、风道、风门和出风口等，如图 4.1.2 所示。

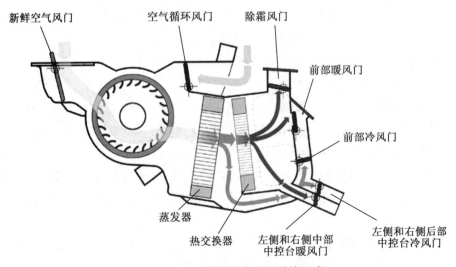

图 4.1.2　新能源汽车送风系统组成

(三)暖风与空调系统通风方式

为了健康和舒适,车厢内空气要符合一定的卫生标准。这就需要输入一定量的新鲜空气,将新鲜空气送入车内,取代污浊空气的过程,称为通风。

汽车空调的通风方式一般有自然通风、强制通风两种,由车辆运动产生的气压将外部空气送入车内,这被称为自然气流通风。当车辆移动时,车辆外面的气压分布如图4.1.3所示,在一些地方产生正压,一些地方产生负压。这样空气入口位于正压处,排风口位于负压处。

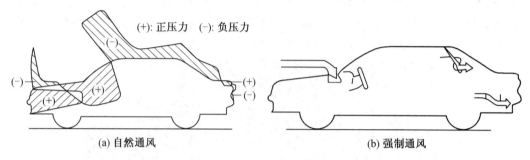

(a) 自然通风　　　　　　　　(b) 强制通风

图4.1.3　通风方式

在强制通风系统中,使用鼓风机强制空气流过车子。进气口和排气口一般与自然通风的风口在相同位置。一般来说,这类通风系统与另一系统(诸如加热器或A/C)一起使用,如图4.1.4所示。

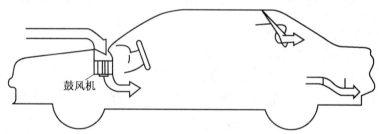

图4.1.4　强制通风工作原理

新能源汽车空调送风系统的通风方式,如图4.1.5所示。

(四)暖风与空调系统空气净化方式

车内的空气含有人们因呼吸排出的二氧化碳、蒸发的汗液、吸烟以及从车外进入的灰尘、花粉等污染物,这些污染物不利于驾驶员的身心健康,因此需要净化。室内空气净化器是一套能去除香烟烟雾、灰尘等,净化车内空气的装置。

室内空气净化器利用送风机电机吸入车内的空气,并通过过滤器净化空气并吸收气味。另外,某些车型安装有烟雾传感器,它检测香烟烟雾并自动地使送风机电机以"高速"运行。

空调滤清器一般安装在空调的进气口位置,如图4.1.6所示。它一般有两种空调滤清器:一种只除去灰尘,另一种带有活性炭,有除臭作用。

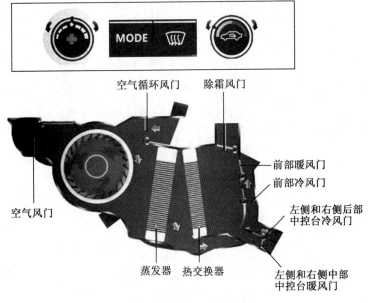

图4.1.5 新能源汽车送风系统

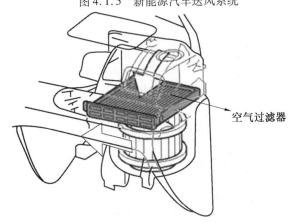

图4.1.6 空调滤清器示意图

当空调滤清器阻塞且经清洁无效时,会导致吸入空气困难,从而使空调效果变差。为了防止这一情况,要定期检查和更换清洁空气过滤器。检查或更换空气过滤器的时间取决于车型或运行情况,因此要参考车辆的维修手册。

(五)吉利帝豪 EV450 暖风和制冷系统

吉利帝豪 EV450 采用自动调节空调,室内自动空调面板为乘客舱单温区控制器及动力蓄电池温度控制器,能控制乘客舱的制冷和加热、动力蓄电池的冷却及保温,为乘客舱提供舒适的温度,同时为动力蓄电池提供恒温环境。

空调制冷系统由电动空调压缩机、冷凝器、蒸发器、空调高低压管等组成;暖风系统由 PTC 加热器、热交换器、PTC 加热器水泵等组成,如图 4.1.7 所示。系统利用 PTC 水暖采暖,利用蒸汽压缩式制冷循环制冷,制冷剂为 R134a,冷冻油型号为 MA68EV。控制方式为按键操纵式。制冷系统部件技术参数如表 4.1.1 所示。

表 4.1.1 制冷系统部件技术参数

部件	项目	参数
压缩机	类型	电动涡旋式压缩机
	高压电压范围/V	200~450
	低压电压范围/V	9~16
	转速范围	800~9 000 rpm
	泄压阀压力	(3.8±0.3) MPa
鼓风机	最大风量/(m³·h⁻¹)	500
	风量调节	7挡可调
	运行温度范围/℃	-30~80
加热器	加热温度范围/℃	-40~120
	高压模块电压范围/V	300~450
	低压模块电压范围/V	9~16
	加热功率	7.0×(1±5%) 出水温度 65 ℃;600 L/h
加热器芯	制热量/W	5.2 kW@流量6 L/min,进口水温85 ℃,风量350
	空气流量/(m³·h⁻¹)	350
	进风温度/℃	20
	类型	直流铝制
蒸发器芯	类型	层叠式
	制冷量/W	5 000
	空气流量/(m³·h⁻¹)	500
	进风温度/℃	(27±1) ℃(干球温度)
	H型膨胀阀(冷吨)	1.5
冷凝器	类型	平行流动式
	尺寸 L×W×H/mm³	613×395×16
	换热量	13.5 kW@入口侧空气干球温度(35±1) ℃,迎风速度:(4.5±0.1) m/s,入口冷媒蒸汽压力:(1.47±0.01) MPa(G),入口冷媒蒸汽过热度:(25±0.5) ℃,出口冷媒液体过冷度:(5±0.5) ℃
制冷剂	类型	R134a
	单车加注量/g	550±25
润滑油	类型	MA68EV
	润滑油容量/mL	130±20

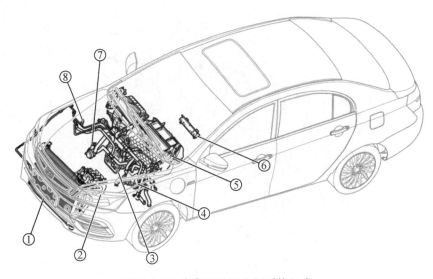

图 4.1.7　帝豪 EV450 空调系统组成

1—冷凝器;2—空调压缩机;3—PTC 加热器;4—热交换器总成;5—空调箱总成;
6—空调控制面板;7—PTC 电动水泵;8—空调压力开关

1.压缩机(如图 4.1.8)

压缩机类型为电动涡旋式,压缩机控制器与压缩机集成一体,通过电机自身的旋转带动涡旋盘压缩,完成制冷剂的吸入和排出,为制冷循环提供动力。

图 4.1.8　压缩机

2.冷凝器(如图 4.1.9)

储液干燥器从空调压缩机出来的高温高压制冷剂蒸汽流入冷凝器,冷凝器由能进行快速热传递的铝管和冷却翅片制成,冷却翅片通过散热把高温高压的制冷剂蒸汽凝结成中温高压的液体。

3.储液干燥器

储液干燥器位于冷凝器的右侧,与冷凝器焊接成一体。储液干燥器内部结构设计可以保证中温高压的气液混合制冷剂进入,而从储液干燥器出来的是中温高压的液态制冷剂。储液干燥器内部有吸附制冷系统水分的干燥剂,干燥剂不能重复使用。

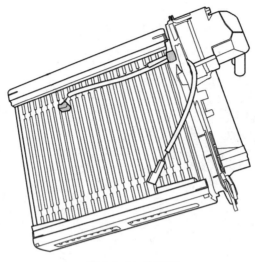

图 4.1.9 冷凝器

4. 室外温度传感器

室外温度传感器影响车内空气温度的自动控制,这些传感器都是对温度敏感的**热敏元件**,传感器的电阻和温度呈反比对应关系。空调控制模块根据电阻值信息设置内外循环电机、冷暖温度风向电机、鼓风机调速模块等来控制空调温度。室外温度传感器位于车辆前保险杠下面的前格栅区域,空调控制模块使用这个传感器来获知周围空气温度信息,使用该信息空调控制模块会在仪表上显示外部温度。

5. 室内空调主机(如图 4.1.10)

室内空调主机位于仪表板内,由鼓风电机、鼓风机调速模块、空调滤清器、加热器芯、蒸发器、膨胀阀、冷暖温度风向控制电机以及各种空气偏转风门、通风风道构成。

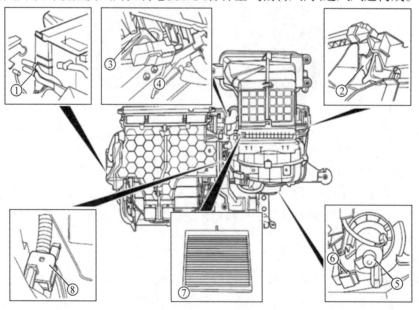

图 4.1.10 室内空调主机

6. 鼓风机

鼓风机由永磁型马达、鼠笼式风扇组成,如图 4.1.11 所示。鼓风机在不同转速下运转转速的变化取决于鼓风机调速模块。如用户选择最大空调模式,绝大部分进入鼓风机的空气来自乘客舱(内循环)。

图 4.1.11　鼓风机

7. 加热器

加热器由电阻膜和散热元件组成,如图 4.1.12 所示。在一定电压范围内,加热的功率随电流变化而变化,电阻膜的电阻随温度变化的影响较小,因此电加热器可输出稳定的功率,从而为制热系统提供稳定的热源。

图 4.1.12　加热器

8. 加热器水泵

加热器水泵增加加热管路的冷却液的压力将加热管路的冷却液泵到其他管路之中。

9. 热交换器

热交换器,如图 4.1.13 所示,在暖风和电池组需要加热时它将加热器、动力蓄电池组冷却液管路和暖风管路接通,加热器将冷却液加热并由加热水泵把加热后的冷却液经过热交换器电磁阀送到暖风水箱和动力蓄电池组管路之中,为动力蓄电池组加热和提供暖风,在电池需要冷却的时候关闭进入乘员舱的制冷回路,通过空调制冷系统为动力蓄电池组管路的冷却液降温。

图4.1.13 热交换器

10. 暖风水箱

暖风水箱跟散热器很像,如图4.1.14所示。主要作用就是热交换,从鼓风机吹进空调风道的风经过暖风水箱吸收暖风水箱中冷却液的热量,从而实现空调制热的效果。

图4.1.14 暖风水箱

11. 蒸发器与膨胀阀

蒸发器位于空调主机的左侧,如图4.1.15所示。空调主机安装在车上时,需要对其进行拆卸,才能安装蒸发器与膨胀阀。拆卸时,蒸发器的制冷剂管路必须完全泄放。维修时,配备独立制冷剂管路的膨胀阀与蒸发器相连,安装于蒸发器的一端,位于蒸发器进口,膨胀阀的一侧连接着空调压缩机的进、排气管,一侧连接着蒸发器的进、排气管,在液体管路内对高压液体制冷剂形成限制,使制冷剂流向蒸发器时成为低压液体。膨胀阀根据空调压力下限、空调压力上限从大到小改变位置。蒸发器在空气进入乘客室之前对其进行冷却和除湿。蒸发器内制冷剂蒸发,从而吸收通过蒸发器气流的热量。空气中的热量传给蒸发器芯的时候,空气中的水分湿气会凝结在蒸发器芯的外表面上形成水流出。蒸发器上配备有温度传感器以防止其结冰。该传感器对蒸发器上散热片的表面温度进行测量,若其温度低于大约0 ℃(32 ℉),则压缩机就不会继续工作。若该温度增加至4 ℃(39 ℉)以上,压缩机便重新开始工作。

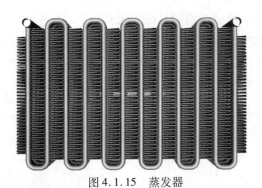

图 4.1.15　蒸发器

12. 制冷剂 R-134a 与润滑油

制冷剂在空调系统中有吸收热量、携带热量、释放热量的作用。车辆使用的 R-134a 制冷剂为无毒、阻燃、透明、无色的液化气体。进行制冷系统管路或部件的维修作业前，应参阅制冷剂管路和管接头的处置以及保持化学品稳定性的说明，R-134a 系统加注专用润滑油 MA68EV 合成制冷剂油，此制冷剂油易吸水，需要在密闭容器中进行储存。R-134a 空调系统的内部循环中只能使用 MA68EV 合成制冷剂润滑油。安装螺纹和 O 形密封圈处只能使用 MA68EV 合成制冷剂润滑油，使用其他润滑油会造成压缩机或附件故障。

空调系统爆炸图如图 4.1.16 所示。

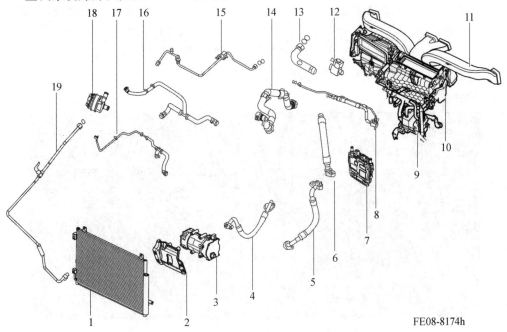

图 4.1.16　空调系统爆炸图

1—冷凝器；2—压缩机安装支架；3—空调压缩机加热器安装支架；4—压缩机排气软管总成；5—压缩机吸气软管总成；6—空调连接管(低压)；7—PTC 加热器；8—热交换器高低压管总成；9—热交换集成模块；10—空调箱主机总成压缩机吸气管；11—空调上部出风管；12—制冷管路电磁阀；13.空调低压管总成(1)；14—电池出水管；15—空调高压管总成(1)；16—热交换器总成出水管(热管理)；17—热交换器总成进水管(热管理)；18—电动水泵；19—空调高压管总成

(六)吉利帝豪 EV450 暖风与空调系统面板介绍

大多数纯电动汽车的空调暖风开关的设计都集中在一个操控面板上,这样不仅节省仪表板的空间而且有利于驾驶员进行自主切换。新能源汽车的控制面板按钮功能如下(如图4.1.17)。

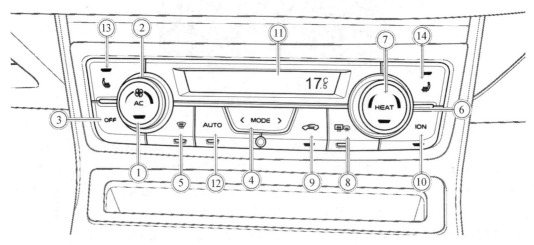

图 4.1.17 空调控制面板示意图

1—A/C 按键;2—风量调节旋钮;3—OFF 按键;4—风向调节按键;5—前风窗除霜除雾按键;6—温度调节旋钮;7—加热按键;8—后风窗/外后视镜除霜按键;9—内外循环按键;10—空气净化器按键;11—显示屏;12—AUTO 按键;13—驾驶员座椅加热按键;14—前排乘员侧座椅加热按键

下面以吉利帝豪 EV450 电动空调控制面板(如图4.1.18)为例,来详细说明各开关按钮的功能。

图 4.1.18 吉利帝豪 EV450 空调控制面板

1. 空调面板液晶屏显示区域

空调面板液晶屏显示区域通常用于显示出风口的风向位置信息、鼓风机的风量大小信息、内外循环的开关信息、冷/热风交换翻板位置信息等。

（1）出风口的风向位置信息：指示车辆在当前驾驶模式下，车内送风风向位置，比如面部、脚部等信息。

（2）鼓风机的风量大小信息：指示车辆当前空调系统送风风量的大小。

（3）内外循环的开关信息：指示车辆当前的空气循环路径。

（4）设置温度信息：指示车辆当前所调节的温度大小。

2．空调开关（A/C）

吉利帝豪 EV450 纯电动汽车采用空调机械按钮。根据以下信息提示，正确操作空调开关，可使空调系统正常运转。如图 4.1.19 所示，箭头指示的是启动按钮。

图 4.1.19　吉利帝豪 EV450 空调控制面板启动按钮

3．温度调节旋钮

正确操作温度调节旋钮（图 4.1.20 箭头指示），使车内达到适宜温度。

图 4.1.20　吉利帝豪 EV450 空调控制面板温度调节旋钮

4．风量调节旋钮

正确调节鼓风机风量大小，根据驾驶员的意愿使送风量达到合适的状态。如图 4.1.21 所示，箭头指示的"风扇"是风量调节旋钮。

5．风向调节按键

正确调节风向调节按键（如图 4.1.22 箭头指示），根据驾驶员的意愿使送风位置达到合适的状态。

图4.1.21　吉利帝豪EV450空调控制面板风量调节旋钮

图4.1.22　吉利帝豪EV450空调控制面板风向调节按键

6.内外循环按键

正确操作内外循环按钮(如图4.1.23箭头指示),长时间使用内循环,车内空气不与外界交换,会导致车内空气不流通,使车内人员感觉不适,应及时打开外循环保持空气流通,营造一个良好的空气环境。

图4.1.23　吉利帝豪EV450空调控制面板内外循环按键

四、任务实施

(一)工作准备

(1)防护装备:常规实训着装。

(2)车辆、台架、总成:吉利帝豪 EV450 纯电动汽车。

(3)专用工具、设备:无。

(4)手工工具:无。

(5)辅助材料:无。

(二)实施步骤

本实训以吉利帝豪 EV450 为例,介绍新能源汽车暖风与空调系统面板操作及更换,其他车型请参照使用手册。

吉利帝豪 EV450 空调系统功能检测。

(1)车辆上电(如图 4.1.24)。

图 4.1.24　车辆上电

(2)操作风量调节旋转(如图 4.1.25 箭头)。查看风量挡位显示的同时,检查出风量大小是否有变化,且是否和显示的风量挡位(如图 4.1.26 箭头)相符。

图 4.1.25　旋转调节风量大小

图4.1.26 查看风量显示

(3)操作风向调节按键(如图4.1.27箭头),检查风向吹面、风向吹脚等功能转换。

图4.1.27 操作风向调节按键

(4)操作内外循环按键(如图4.1.28箭头),检查内外循环功能是否总成工作。

图4.1.28 内外循环按键

(5)操作AC按键(如图4.1.29(a)箭头),调节温度调节旋钮(如图4.1.29(b)箭头),同时查看温度显示(如图4.1.29(c)箭头),检查空调冷暖风功能是否正常工作。

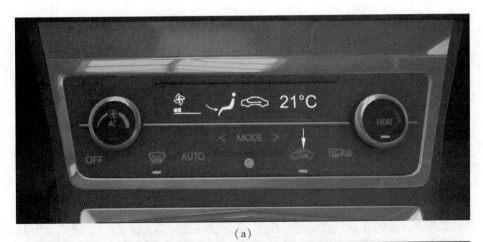

(a)

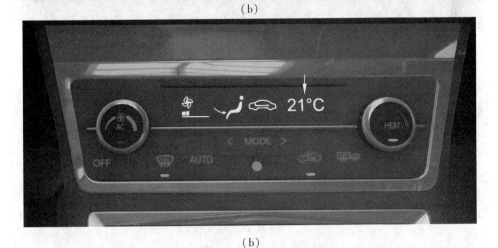

(b)

(b)

图 4.1.29 检查空调冷暖风功能

(6)操作 AUTO 按键(如图 4.1.30 箭头),查看空调自动控制功能是否工作。

(7)操作后除霜按键(如图 4.1.31 箭头),检查左右外后视镜和后窗除霜功能是否正常。

注意:检查后除霜功能时,可适当在左右外后视镜和后窗喷洒一定量的水雾,检查效果更明显。

图 4.1.30　点击 AUTO 按键

图 4.1.31　点击后除霜按键

(8)操作 OFF 按键(如图 4.1.32 箭头),关闭空调系统。

图 4.1.32　关闭空调系统

(9)车辆下电(如图4.1.33)。

图4.1.33 车辆下电

任务二 新能源汽车暖风系统的检修

一、任务引入

有一辆吉利帝豪EV450电动汽车,故障是空调无暖风,主管把该车的诊断与检修任务分配给你,你将如何完成?

二、任务要求

知识要求:
1. 能够描述新能源汽车暖风系统的作用。
2. 能够描述新能源汽车暖风系统的加热方式。
3. 能够描述吉利帝豪EV450汽车暖风系统的特点、工作原理与检修方法。

能力要求:
1. 能够检测暖风系统的主要部件。
2. 能够对PTC加热芯进行更换。

职业素养要求:
1. 严格执行汽车检修规范,养成严谨科学的工作态度。
2. 养成总结训练结果的习惯,为下次训练积累经验。
3. 尊重他人劳动,不窃取他人成果。
4. 养成团结协作的精神。
5. 严格执行5S现场管理。

三、相关知识

(一)新能源汽车暖风系统作用

汽车暖风系统是将冷空气送入热交换器,吸收某种热源的热量,提高空气的温度,并将热空气送入车内。汽车暖风系统的作用如下:

(1)与蒸发器一起共同将空气调节到使人感到舒适的温度。

(2)在寒冷的冬季向车内供暖,提高车内空气的温度。

(3)当车窗结霜,影响驾驶员和乘客的视线,不利于行车安全时,可通过采暖装置吹出的热风除霜。

新能源汽车暖风系统由风机调速电阻、电子开关模块、风机、轮式换风器、PTC 加热器、温度传感器,出风风道、出风口等元件构成,电子开关模块包括场效应管(MOSFET)、光电耦合器等部件。PTC 加热器作为加热元件,通过动力蓄电池为其供电,由电子开关模块控制其通电发热,风机和轮式换风器实现暖风的输送及风向的改变。暖风热源采用 PTC 电阻加热器,安全可靠,能自行调整驾驶室内温度,如图 4.2.1 所示。

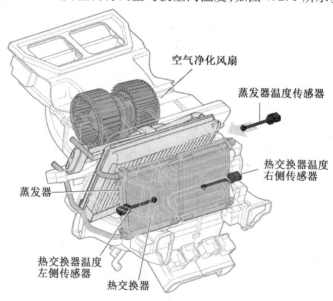

图 4.2.1 新能源汽车暖风系统

(二)新能源汽车暖风系统的加热方式

新能源汽车暖风系统与传统汽车主要区别在于加热方式不同,以下介绍新能源汽车暖风的加热方式。

1. PTC 加热器的加热方式

纯电动汽车没有传统汽车的发动机,没有了热源,因此需要靠 PTC 加热器的热能来采暖。

PTC 是正温度系数(Positive Temperature Coefficient)的英文缩写。利用 PTC 材料的热敏特性,制成热敏开关类产品。利用发热类 PTC 性能稳定、升温迅速、受电源电压波动影响小等特性,制成的各种加热器产品,已成为金属电阻丝类发热材料最理想的替代产品。目前,已大量应用于电动汽车暖风系统、电动汽车除霜机等。

PTC加热器(如图4.2.2)采用PTCR热敏陶瓷元件,由若干单片组合后与波纹散热铝条经高温胶黏结而成,具有热阻小、换热效率高的显著优点。它的最大特点在于安全性,即遇风机故障堵转时,PTC加热器因得不到充分散热,功率会自动急剧下降,此时加热器的表面温度维持限定温度(一般为240 ℃左右),从而不致产生电热管类加热器表面的"发红"现象,从而排除了发生事故的隐患。

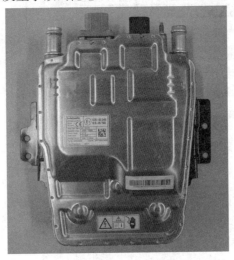

图4.2.2 PTC加热器

PTC加热器的结构与参数,如图4.2.3所示。
(1)加热器:由两组电热阻丝并联组成,单独控制。
(2)温度传感器:检测加热器本体的温度,控制加热器导通和切断。

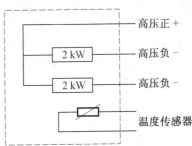

图4.2.3 PTC加热器结构示意图

(3)熔断器:防止加热器失控发生火灾。

PTC加热器内部结构参数如图4.2.4所示。

点火开关打开后,空调继电器为压缩机控制器、PTC控制器和PTC提供电源。PTC控制器根据来自空调面板的暖风请求信号(CANH和CANL)以及温度传感器信号,控制PTC加热器工作。PTC加热器的控制原理图如图4.2.5所示。

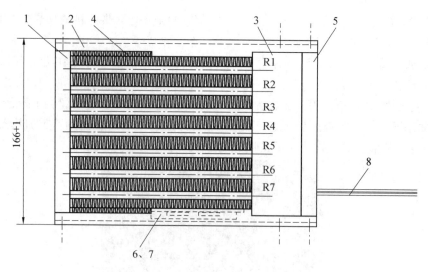

图 4.2.4 PTC 加热器内部结构参数
1—左基座;2—上下基座;3—右基座;4—PTC 加热器;
5—盖板;6—熔断器底座;7—盖板;8—导线

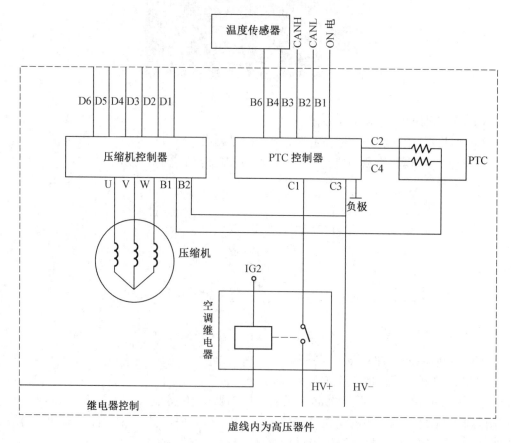

图 4.2.5 PTC 加热器的控制原理图

2. 加热丝加热冷却液的方式取暖

新能源汽车冷却液的作用一方面是给汽车上的容易发热的元件（如电机等）散热，另一方面是在温度较低的情况下提供热能来供驾驶室采暖。纯电动汽车没有传统汽车的发动机，没有了足够的热源，这样一来在温度较低的情况下仅靠电动汽车上的电器元件工作的热量来加热冷却液是远远不够的，无法给驾驶室提供足够的温度。

为保证在温度较低的情况下，给车内提供足够的温度，冷却液循环系统上安装了一个加热装置，如图4.2.6所示，串联在冷却液循环系统中，来加热冷却液，使冷却液达到合适的温度。加热器一般包括控温器和限温器。控温器一般都设置在插入水中的金属管内，其最高控制温度一般都设定在合适的温度区域，这样就可保证加热器有较大的蓄热量。为了避免控温器失灵时加热冷却液温度过高，而影响车辆的工作性能，热水器上安装了限温器，其限温值设定在略高于控温器的最高控制温度，一旦加热温度达到设定值时，限温器便立即切断电源，避免了因加热失控而影响整车性能。

图4.2.6 冷却液加热装置

加热装置的工作状态如下：

（1）冷却液温度较低时的工作状态。

如图4.2.7所示，加热丝导通。

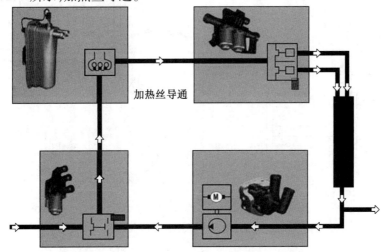

图4.2.7 冷却液加热装置工作状态（较低温）

（2）冷却液温度较高时工作状态。

如图4.2.8所示，加热丝断开。

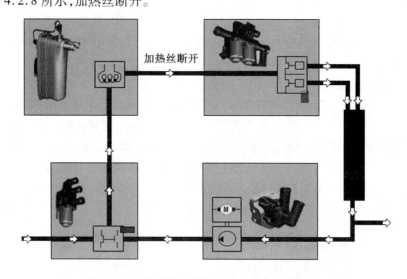

图4.2.8　冷却液加热装置工作状态（较高温）

3.暖风系统的热泵实现方式

暖风加热系统的另一种实现方式是热泵。由传动带驱动的直流无刷电动机的电动汽车热泵如图4.2.9所示，空调系统的制冷/制热模式由四通换向阀转换，实线箭头表示制冷工况，虚线箭头表示制热工况。从原理上讲，该系统与普通的热泵空调并无区别，但是用于电动汽车上时，专门开发了双工作腔滑片压缩机、直流无刷电动机和逆变器控制系统。在热泵工况下，系统从融霜模式转为制热模式时，风道内换热器上的冷凝水将迅速蒸发，在风窗玻璃上结霜，会影响驾驶的安全。

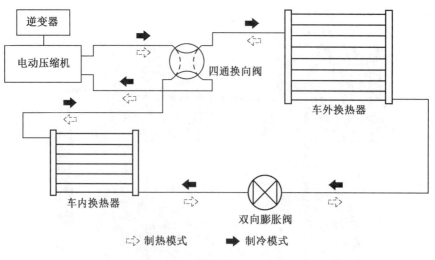

图4.2.9　热泵式空调示意图

四、任务实施

(一)工作准备

(1)防护装备:绝缘防护装备。
(2)车辆、台架、总成:北汽新能源纯电动汽车、比亚迪 E6 或同类纯电动汽车。
(3)专用工具、设备:万用表。
(4)手工工具:绝缘组合工具。
(5)辅助材料:无。

(二)实施步骤

根据实训室的车辆配置,对纯电动汽车暖风系统进行检修。掌握本次实训课所使用仪器及设备的使用方法,并强调实训中的安全注意事项。

警告:

(1)禁止未参加该车型系统知识培训的维修人员拆装,拆装更换部件时,请注意型号及加热功率,以免发生危险。在拆装过程中请小心防护 PTC 加热芯,避免损伤部件,造成不必要的损失。

(2)在进行高压相关操作前,维修人员必须穿戴好劳保用品,戴好绝缘手套,穿好高压绝缘鞋,在戴绝缘手套前,必须要检查绝缘手套是否有破损的地方,确保手套无绝缘失效。

新能源汽车 PTC 加热器的更换如下:

(1)将车辆停放至维修工位(如图 2.1.20)。
(2)将车辆置于 P 挡(如图 2.1.21)。
(3)拉起驻车制动(如图 2.1.22)。
(4)拉起警示隔离带,放置警示牌,铺放绝缘垫(如图 2.1.23)。
(5)检查人身安全防护用品(如图 2.1.24)。
(6)关闭点火开关(如图 2.1.25)。
(7)打开机舱盖,安装车内三件套,放置前格栅布和翼子板布(如图 2.1.26)。
(8)戴上绝缘手套,断开低压蓄电池负极(如图 4.2.10),用绝缘胶带包裹负极防止虚接。

图 4.2.10 蓄电池负极

(9)拆卸动力蓄电池高压线束(如图4.2.11)。

图4.2.11　动力蓄电池高压线束

(10)断开加热器低压线束连接器(如图4.2.12)。

图4.2.12　低压线束连接器

(11)断开加热器高压线束连接器(如图4.2.13)。

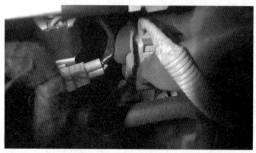

图4.2.13　高压线束连接器

(12)拆卸加热器搭铁线束固定螺栓(如图4.2.14)。

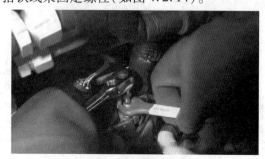

图4.2.14　拆卸加热器搭铁线束固定螺栓

(13)拆卸加热器进水管环箍,脱开加热器进水管(如图4.2.15)。

(a)拆卸加热器进水管环境　　　　　　(b)脱开加热器进水管

图 4.2.15　加热器进水管

(14)拆卸加热器出水管环箍,脱开加热器出水管(如图4.2.16)。

(a)拆卸加热器出水管环境　　　　　　(b)脱开加热器出水管

图 4.2.16　加热器出水管

注意:水管脱开前请在车辆底部放置容器,接住防冻液,以免污染地面。

(15)拆卸加热器支架左右各两个固定螺栓(如图4.2.17),取下 PTC 加热器。

图 4.2.17　PTC 加热器位置

(16)放置 PTC 加热器(如图4.2.18)。

图 4.2.18　放置 PTC 加热器

(17)紧固加热器支架左、右各两个固定螺栓(如图4.2.19),力矩:8 N·m。

图4.2.19　PTC加热器固定螺栓位置

(18)连接加热器进水管,安装加热器进水管环箍(如图4.2.20)。

(a)连接加热器进水管　　　　　　　　(b)安装加热器进水管环境

图4.2.20　加热器进水管

(19)连接加热器出水管,安装加热器出水管环箍(如图4.2.21)。

(a)连接加热器出水管　　　　　　　　(b)安装加热器出水管环境

图4.2.21　加热器出水管

(20)连接加热器低压线束连接器(如图4.2.22)。

图4.2.22　加热器低压线束连接器

(21)连接加热器高压线束连接器(如图4.2.23)。

图 4.2.23　加热器高压线束连接器

(22)连接加热器搭铁线束,紧固搭铁线束固定螺栓(如图4.2.24),力矩:9 N·m。

(a)连接加热器搭铁线束　　　　　　　　(b)紧固搭铁线束固定螺栓

图 4.2.24　加热器搭铁线束

(23)加注冷却液。
(24)连接动力蓄电池高压线束。
(25)连接低压蓄电池负极电缆。
(26)关闭前机舱盖。
(27)工具复位,5S 整理。

任务三　新能源汽车空调制冷系统的检修

一、任务引入

有一辆吉利 EV450 电动汽车,客户反映制冷时,空调出风口温度偏高,主管把该车的诊断与检修的任务分配给你。你能完成这个任务吗?

二、任务要求

知识要求:
1.能够描述新能源汽车空调制冷系统结构组成。
2.能够描述新能源汽车空调制冷系统工作参数。
3.能够描述新能源汽车空调制冷系统工作特性。

4. 能够描述新能源汽车空调制冷系统工作原理。

5. 能够描述新能源汽车空调制冷系统主要部件的结构原理与检修方法。

能力要求：

1. 能够进行新能源汽车空调压缩机拆装。

2. 能够进行新能源汽车空调制冷剂加注。

3. 能够进行新能源汽车空调制冷系统基本检查。

职业素养要求：

1. 严格执行汽车检修规范，养成严谨科学的工作态度。

2. 养成总结训练结果的习惯，为下次训练积累经验。

3. 尊重他人劳动，不窃取他人成果。

4. 养成团结协作的精神。

5. 严格执行5S现场管理。

三、相关知识

（一）新能源汽车空调制冷系统结构组成

新能源汽车空调系统与传统汽车制冷原理大致相同，主要区别是压缩机的驱动方式，纯电动汽车的空调采用电动方式来驱动压缩机，这有别于传统汽车通过内燃机曲轴皮带驱动的形式。

新能源汽车制冷系统的示意图，如图4.3.1所示。

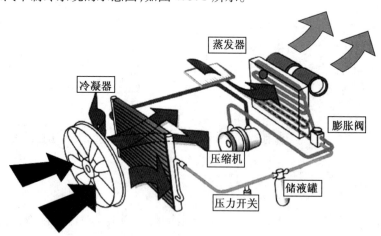

图4.3.1 新能源汽车制冷系统示意图

下面以吉利帝豪EV450为例，介绍空调系统的组成。

吉利电动汽车空调系统的组成与传统的车型相似：主要由空调系统总成HVAC（空调箱体）、空调管路、电动压缩机、冷凝器、空调控制面板及相关传感器、空调驱动器等组成。其中空调驱动器与DC/DC转换器布置于同一壳体中，位于前舱左侧。PTC取代了暖风芯体，不在HVAC总成中。

吉利 EV450 空调系统制冷及送风系统的组成,如图 4.3.2 所示。

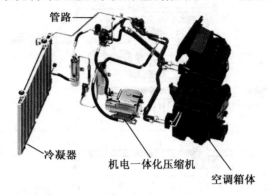

图 4.3.2　吉利 EV450 空调系统制冷及送风系统的组成

(二)新能源汽车制冷系统工作参数

新能源汽车制冷系统的主要工作参数如下:低压一般为 0.25~0.3 MPa、高压一般为 1.3~1.5 MPa。平衡压力一般为 0.6 MPa 左右,因受环境温度及加注量同时影响,不可作为主要依据,仅为参考数值,如图 4.3.3 所示。

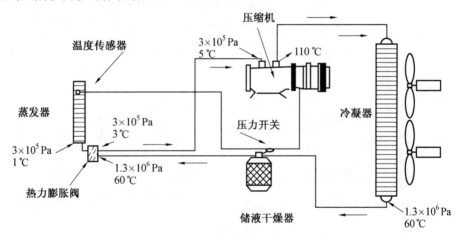

图 4.3.3　新能源汽车制冷系统的工作参数

(三)新能源汽车制冷剂的工作特性

新能源汽车制冷剂的工作特性与传统车辆相同:高压液态散热,低压气态吸热,如图 4.3.4 所示。

(四)新能源汽车制冷系统的控制原理

新能源汽车制冷系统的控制原理,如图 4.3.5 所示。

空调控制面板根据驾驶员的操作需求,发送 A/C 信号、冷暖选择信号、鼓风机信号到整车控制器,整车控制器同时接收空调压力开关、温度信号,通过 CAN 传输系统指令压缩机控制器驱动压缩机工作,同时整车控制器也控制冷凝风扇运转。

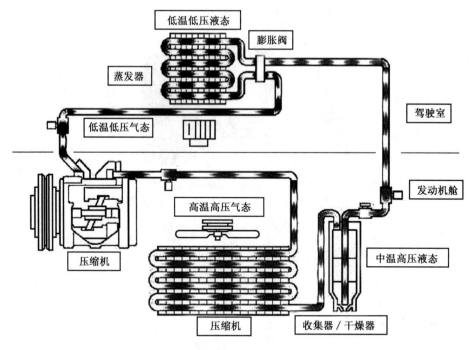

图 4.3.4 新能源汽车制冷系统的工作特性

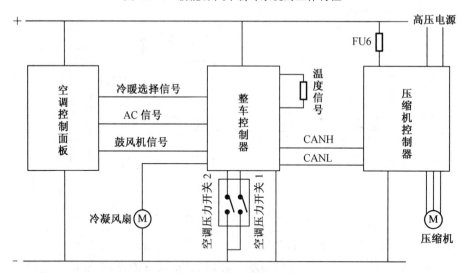

图 4.3.5 新能源汽车制冷系统控制原理示意图

(五)制冷系统原理

由空调驱动器驱动的电动压缩机将气态的制冷剂从蒸发器中抽出,并将其压入冷凝器。高压气态制冷剂经冷凝器时液化而进行热交换(释放热量),热量被车外的空气带走。高压液态的制冷剂经膨胀阀的节流作用而降压,低压液态制冷剂在蒸发器中汽化而进行热交换(吸收热量),蒸发器附近被冷却了的空气通过鼓风机吹入车厢。气态的制冷剂又被压缩机抽走,泵入冷凝器,如此使制冷剂进行封闭的循环流动,不断地将车厢内的热量排到车外,使车厢内的气温降至适宜的温度,如图 4.3.6 所示

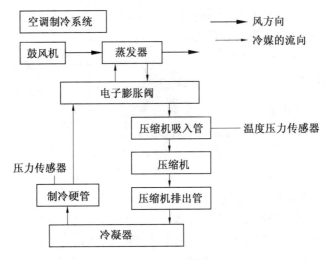

图 4.3.6　制冷系统原理

（六）调制冷系统其他组成部件

比亚迪 E6 以及其他新能源汽车空调制冷系统其他部件与传统汽车基本一致，以下简要介绍这些部件的作用及结构原理。

1. 冷凝器

冷凝器如图 4.3.7 所示。冷凝器的作用是对压缩机排出的高温高压制冷剂蒸汽进行冷却，使之凝结成高温高压液体。制冷剂蒸汽放出的热量排到大气中。

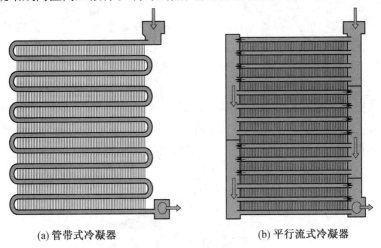

图 4.3.7　冷凝器

2. 储液干燥器

储液干燥器如图 4.3.8 所示。储液干燥器作用如下：

（1）储存制冷剂：接收从冷凝器来的液体并加以储存，根据蒸发器的需要提供所需的制冷剂量。

（2）过滤：将系统中经常会出现的杂质和其他脏物，如锈蚀、污垢、金属微粒等过滤掉，这些杂质不仅会损伤压缩机轴承，而且还会堵塞过滤网和膨胀阀。

（3）吸收系统中的湿气：汽车空调系统中要求湿气越少越好，因为湿气会造成"冰塞"并腐蚀系统管道等，使制冷系统不能正常工作。

图 4.3.8　储液干燥器

3. 膨胀阀

膨胀阀如图 4.3.9 所示。膨胀阀的作用如下：

（1）节流降压：使从冷凝器过来的高温高压液体制冷剂节流降压成为容易蒸发的低温低压雾状制冷剂进入蒸发器，即分开了制冷剂的高压侧和低压侧。

（2）自动调节制冷剂流量：根据制冷负荷的改变和压缩机转速的变化，自动调节制冷剂进入蒸发器的流量以满足制冷循环的需要。

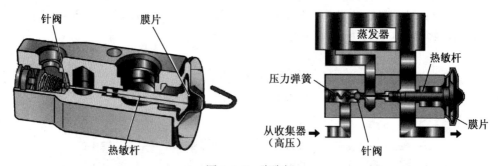

图 4.3.9　膨胀阀

4. 蒸发器

蒸发器如图 4.3.10 所示。蒸发器的作用是作为汽车空调制冷系统中的另一个热交换器，作用与冷凝器相反，它是将经过节流降压后的液态制冷剂在蒸发器内沸腾汽化，吸收蒸发器表面周围空气的热量而使之降温，风机将冷风吹到车厢内达到降温的目的。

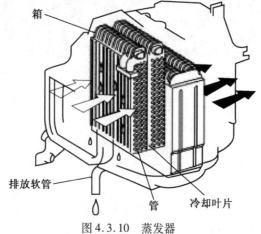

图 4.3.10　蒸发器

5. 压力开关

压力开关如图4.3.11所示。压力开关的作用是检测制冷系统内部压力,保护制冷系统。

新能源汽车空调系统采用三位开关,即低压、中压、高压。压力低于0.18 MPa,低压开关断开;压力高于3.14 MPa,高压开关断开,压缩机停止工作。压力高于1.5 MPa中压开关闭合,冷凝风扇高速旋转。

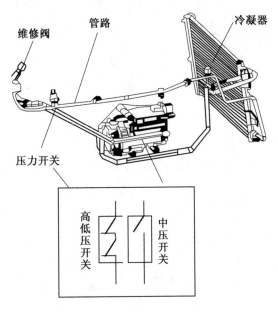

图4.3.11 压力开关

四、任务实施

(一)工作准备

(1)防护装备:绝缘防护装备。
(2)车辆、台架、总成:北汽EV160、比亚迪E6或同类纯电动汽车。
(3)专用工具、设备:歧管压力表、电子检漏仪、真空泵、制冷剂回收机。
(4)手工工具:绝缘组合工具、拆装工具、手电筒。
(5)辅助材料:干净的抹布、压缩机油、制冷剂。

(二)实施步骤

根据实训室的车辆配置,对纯电动汽车空调系统进行检修。掌握本次实训课所使用仪器及设备的使用方法,并强调实训中的安全注意事项。

电动压缩机总成更换:
(1)打开前机舱盖。
(2)使用专用工具,回收空调制冷剂。
(3)断开蓄电池负极电缆。
(4)断开车载充电机处直流母线。
(5)断开电动压缩机低压线束连接器1,如图4.3.12所示。

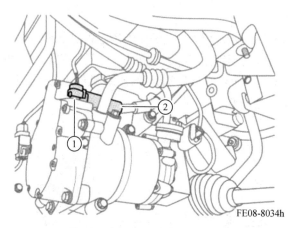

图 4.3.12　电动压缩机总成 1

（6）断开电动压缩机高压线束连接器 2。

（7）拆卸制冷空调管（压缩机侧）固定螺栓，脱开空调管，如图 4.3.13 所示。

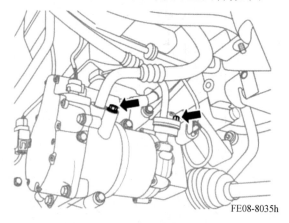

图 4.3.13　电动压缩机总成 2

（8）拆卸电动压缩机侧三个固定螺栓，取下电动压缩机，如图 4.3.14 所示。

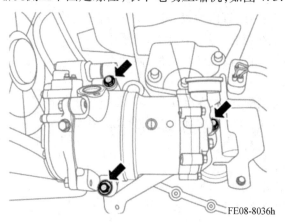

图 4.3.14　电动压缩机总成 3

(9)安装电动压缩机总成,放置电动压缩机,紧固电动压缩机侧三个固定螺栓,如图4.3.15所示,力矩:23 N·m。

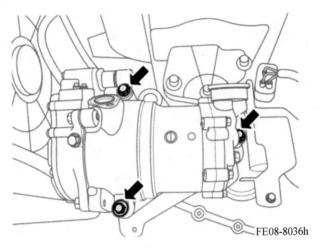

图4.3.15　电动压缩机总成4

(10)连接制冷空调管(压缩机侧),紧固空调管固定螺栓,如图4.3.16所示,力矩:23 N·m。

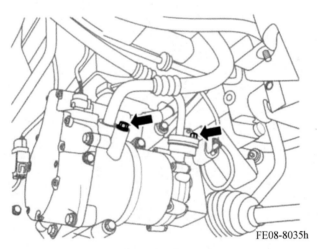

图4.3.16　电动压缩机总成5

注意:在安装过程中涉及的O形圈,都必须要更换新件。

(11)连接电动压缩机高压线束连接器2。

(12)连接电动压缩机低压线束连接器1,如图4.3.17所示。

注意:插接时注意"一插、二响、三确认"。

(13)连接车载充电机处直流母线。

(14)连接蓄电池负极电。

(15)操作空调制冷剂的加注程序。

(16)关闭前机舱盖。

(17)工具复位,5S现场管理。

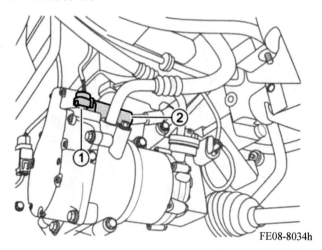

图4.3.17　电动压缩机总成6

项目五　新能源汽车车载网络系统的检修

项目描述

本项目有两个学习任务,分别是:任务一新能源汽车车载网络系统的认知;任务二新能源汽车车载网络系统的检修。

通过以上两个任务的学习,了解新能源汽车车载网络系统的概念和功能以及结构组成等,掌握其相关部件的检修。

任务一　新能源汽车车载网络系统的认知

一、任务引入

车载网络系统作为新能源汽车不可缺少的一部分,它的结构和工作原理是本任务需要掌握的内容。你了解车载网络吗?

二、任务要求

知识要求:
1. 能够描述新能源车载网络系统的结构组成。
2. 了解新能源汽车车载网络系统的工作原理。

技能要求:
1. 能够介绍新能源汽车车载系统的概念和功能。
2. 了解新能源汽车车载系统的结构组成以及怎样工作。

职业素养要求:
1. 严格执行汽车检修规范,养成严谨科学的工作态度。
2. 养成总结训练结果的习惯,为下次训练积累经验。
3. 尊重他人劳动,不窃取他人成果。
4. 养成团结协作的精神。
5. 严格执行5S现场管理。

三、相关知识

(一)新能源汽车车载网络系统的概念

当今,汽车行业正在经历一场重要而彻底的变革。零配件供应商的丰富想象力与汽车购买者对于舒适设备的更高要求紧密相连,并且随着汽车电子技术的不断发展,车辆上电控系统的数量不断增多,而且功能也越来越复杂。很多汽车采用了多个电脑(ECU)。每一个电脑都需要与多个传感器、执行器之间发生通信,而每一个输入、输出信号又可以与多个电脑之间发生通信。如果每一个电控系统都独立配置一整套相应的传感器、执行器,那么将有大量的线束、接插件密布于汽车的各个部位,这样不仅会增添汽车生产车间组装工人的装配困难以及车身重量,而且也会增加汽车售后维修人员对故障诊断、维修的难度。另外,为了提高汽车综合控制的准确性,综合控制系统也迫切需要输入、输出信号数据共享。

车载网络是计算机网络技术与自动化控制技术相结合产生的新兴技术领域,它支持汽车向智能化发展。人们把所有点对点连接映射为一个通信介质(总线),所有电子控制单元(ECU)共享总线、数据以位连续的形式传输,总线网络由此产生。

(二)新能源汽车车载网络系统的功能

随着汽车技术的不断发展,对汽车各方面的性能要求越来越高。人们在追求车辆动力性和操控性能的同时对舒适性和安全性能也提出了更高的要求。20世纪90年代以来,随着集成电路在汽车上的广泛应用,汽车上的电子控制系统越来越多,例如电子燃油喷射装置、防抱死制动装置(ABS)、安全气囊装置、电动门窗装置、主动悬架等。各种电子控制系统的导入和应用使汽车的各项功能更加完善,控制更加精确和灵活,智能化程度也不断提升。然而,功能的日益增加和完善使车载电子控制模块的数量以惊人的速度增加。与此同时,各电子控制模块之间的数据交换也随之增加。

传统的数据交换形式是通过模块间专设的导线完成点对点的通信。数据量的增加必然导致车身线束的增加。庞大的车身线束不仅增加了制造成本,而且还占用空间,提高了整车重量。线束的增加还会使因线束老化而引起电气故障的可能性大大提高,降低了系统的可靠性。

解决这个问题的关键就是利用计算机网络技术,将车载控制模块通过车载网络连接起来,实现数据信息的高效传输。车载网络形式多种多样,目前应用最为广泛的是控制器局域网络(Controller Area Network),即所谓的 CAN BUS 系统。

控制器局域网 CAN 是德国 Robert bosch 公司在20世纪80年代初为汽车业开发的一种具有很高保密性,有效支持分布式控制或实时控制的串行数据通信总线。CAN 的应用范围遍及从高速网络到低成本的多线路网络。在自动化控制领域、发动机控制部件、传感器、防滑系统等应用中,CAN 的位速率可高达 1 Mbit/s。同时,它也可以廉价地运用于汽车电气系统中,如灯光、电动车窗等,可以替代所需要的硬件连接。

按照 ISO 有关部门规定,CAN 拓扑结构为线性总线式,所以也称 CAN 总线。最初推出的 CAN 总线为1.0版,1990年推出1.2修订版,1991年又推出 CAN 总线2.0版。目前 CAN 总线不但已经成为汽车总线的主要规范,而且被公认为最有前途的几种工业总线之一,已由 ISO TC22 技术委员会批准为国际标准,是唯一被批准为国际标准的总线。1993年国际 CAN 用户及制造商组织(简称 CIA)在欧洲成立,主要作用是解决 CAN 总线实际应用中的问题,提供 CAN 产品及其开发工具,推广 CAN 总线的应用。

传统数据传输系统与 CAN BUS 系统对比如图5.1.1所示。

图 5.1.1(a)所示代表传统布线及信息传递方式。发动机控制单元与自动变速器控制单元以独立的数据专线传递各种信息,如发动机转速、节气门位置、变速箱干预、升降挡信息等。

而图 5.1.1(b)所示则采用 CAN BUS 数据总线进行信息传递,所有信息都通过两根数据线进行传递。各控制单元之间的所有信息都通过两根数据线进行交换,相同的数据只需在数据系统中传递一次。通过该种数据传递形式,所有的信息,不受控制单元的多少和信息容量的大小限制,都可以通过这两条数据线进行传递。

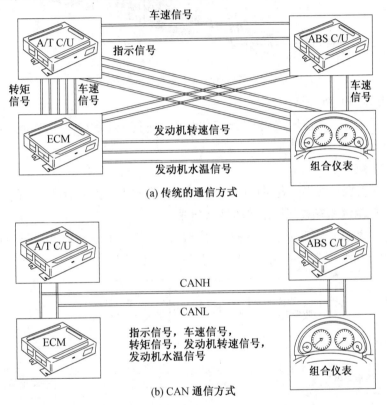

图 5.1.1 传统数据传输系统与 CAN BUS 系统对比图

CAN 数据总线可以以高效率实现大量的数据信息传输,如图 5.1.2 所示。因此,与传统数据传输方式相比,CAN 数据总线具有如下优点:

(1)数据传输速度快。

数据传输能以较快的速度进行,最快速度达到 1 Mbit/s。

(2)系统可靠性高。

系统能准确识别数据传输故障(不论是由内部还是外部引起的);具有较强的抗干扰和应急运行能力,如能以单线模式工作(出于安全因素,正常情况下双线同时工作)。

(3)减少线束,降低成本。

通过减少车身线束降低了制造成本,同时又节省了空间,降低了整车重量。

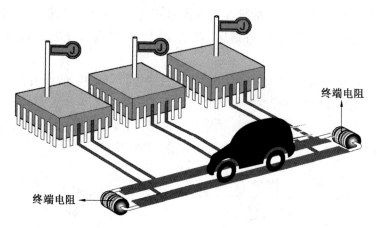

图 5.1.2　CAN BUS 总线系统示意图

（4）系统配置更加灵活便利。

若需对系统进行功能增减或配置更改时，只需进行较少的改动，如对相应控制模块进行软件升级等。

（5）高效率诊断。

通过网络实现对网络中各系统的高效诊断，大大减少了诊断扫描所需的诊断线束。

（三）新能源汽车车载网络系统的结构组成

CAN BUS 数据总线系统主要由控制器、收发器、终端电阻和传输线等组成。除数据传输线外，其他元件都置于控制单元内部，如图 5.1.3 所示。

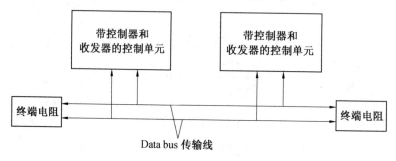

图 5.1.3　CAN BUS 数据总线系统图

控制器的作用是用于接收控制单元中微处理器发出的数据、处理数据并传给 CAN 收发器；同时 CAN 控制器也接收收发器收到的数据、处理数据并传给微处理器。

收发器是由一个发射器和一个接收器组合而成的，其作用是将从控制器接收的数据转换成能够通过 CAN BUS 传递的电信号，并能双向传递。

终端电阻是一个电阻器，每个电阻值为 120 Ω，其作用是防止信号在传输过程中因回波反射造成对信号的叠加，从而使信号产生失真，影响数据的正常传输。

传输线又称为通信介质或媒体，常用通信传输介质有电话线、同轴电缆、双绞线、光导纤维电缆、无线与卫星通信信道等。如图 5.1.4 所示，传输线通常是被 CAN 数据总线用以传输数据的双向数据线，分为 CAN 高位（CAN-high）和低位（CAN-low）数据线。CAN

总线数据没有指定接收器,数据通过数据总线同时发送给各控制单元,各控制单元接收后对数据进行分析、判断和计算。为了防止外界电磁波干扰和向外辐射,CAN 总线采用两条线缠绕在一起的双绞线;两条线上的电位是相反的,如果一条线的电压是 5 V,另一条线就是 0 V,两条线的电压总和等于常值。因此,CAN 总线得到保护而免受外界电磁场干扰,同时 CAN 总线向外辐射也保持中性,即无辐射。

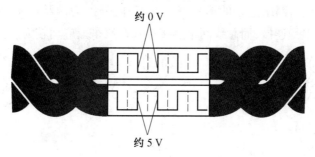

图 5.1.4　数据传输线

由于汽车上通常采用多种总线将控制单元连接成网络,而不同总线之间无法直接相互传递数据,而是通过网关将不同总线互联。网关是汽车内部网络通信的核心,通过它可以实现各种总线上模块之间信息的共享以及汽车内部的网络管理和故障诊断功能。

各个控制单元利用双绞线分别连接在 CAN BUS 系统的舒适总线、驱动总线上,通过网关"翻译",将舒适总线与驱动总线之间的信息传输速率和识别代号进行转换,从而实现信息的可靠、迅速和实时传输,完成控制单元对相应模块功能的控制。

车载网络连接原理图如图 5.1.5 所示。

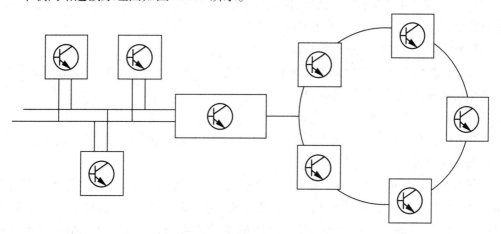

图 5.1.5　车载网络连接原理图

(四)新能源汽车车载网络系统的工作原理

1.新能源汽车车载网络系统的连接类型

(1)总线类型。

目前汽车界最广泛采用的是 CAN 总线和 LIN(Local Interconnect Network,局部连接网)总线两种总线类型。CAN 总线是一种多主方式的串行通信总线,而 LIN 总线是一种辅助的串行通信总线网络,为汽车网络(如 CAN 总线)提供辅助功能。在一些相对简单的汽车中,LIN 总线的使用可大大节省成本。与 CAN 总线不同,LIN 总线采用单主控制器/多从设备的模式。

(2)网络连接形式。

如图 5.1.6 所示,网络连接的形式一般有五种,分别为网状连接、星型连接、环形连接、总线连接以及串行连接,而总线网络连接形式在汽车上应用较为广泛。

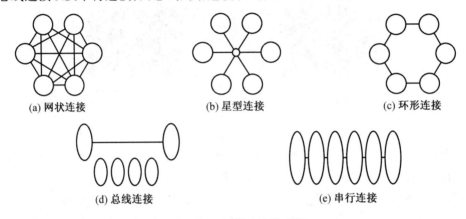

图 5.1.6 网络连接形式图

车载网络系统采用了 CAN 总线形式和总线型网络连接形式,从而构成了 CAN BUS 网络通信系统。CAN BUS 系统中包含多个控制单元,这些控制单元通过内部收发器(发射-接受放大器)并联在总线导线上,因此各控制单元的地位均相同,没有任何控制单元享有特权,在这个意义上称之为多主机结构。

2.新能源汽车车载网络系统的信息交换

各个控制单元之间进行交换的数据称为信息,每个控制单元均可发送和接收信息。信息交换是按照顺序来连续完成的。

(1)信息的表示方法。

信息包含在控制单元之间传递的各种物理量中,如发动机转速,并以二进制数(一系列 0 和 1)来表示。

如图 5.1.7 所示,CAN BUS 传递的每个信息都是通过二进制编码来表示的。信息越简单,信息结构越短;信息越复杂,信息结构越长。信息结构越长,表达的信息量越大,信息结构长度每增加一位(1 bit),其表达的信息量便可增加 1 倍,信息结构最大长度 108 bit。例如表示压缩机的状态,只有接通和断开两种状态,可以用信息结构为 1 位(或 1 bit)的方式表达。当描述中控锁状态时,中控锁状态可分为:开锁、锁车、安全锁和非安全锁四种状态,用信息结构为 1 位(或 1 bit)的方式就不能全部表达,必须用信息结构为 2 位(或 2 bit)的方式表达。而表示发动机温度值 0~127.5 ℃,则必须用信息结构为 8 位(或 8 bit)的方式表达。

1 bit 信息	
例如：压缩机状态	
信号值	信号内容
0	压缩机断开
1	压缩机接通

2 bit 信息	
例如：中控锁开关信息状态	
信号值	信号内容
00	开锁
01	安全锁
10	锁车
11	非安全锁

使用 8 bit 信息表示温度信号

2^7	2^6	2^5	2^4	2^3	2^2	2^1	2^0	value	value
128	64	32	16	8	4	2	1	十进制	温度值
0	0	0	0	0	0	0	0	0	0 ℃
0	0	0	0	0	0	0	1	1	0.5 ℃
0	0	0	0	0	0	1	0	2	1 ℃
⋮	⋮	⋮	⋮	⋮	⋮	⋮	⋮	⋮	⋮
1	0	0	0	1	0	1	0	138	69 ℃
⋮	⋮	⋮	⋮	⋮	⋮	⋮	⋮	⋮	⋮
1	1	1	1	1	1	1	1	255	127.5 ℃

图 5.1.7　信息的二进制表示法

(2)信息交换的基本原理。

为了易于说明信息交换过程,下面以发动机转速信息为例并以一条 CAN 导线来讲述信息交换的基本原理,如图 5.1.8 所示。

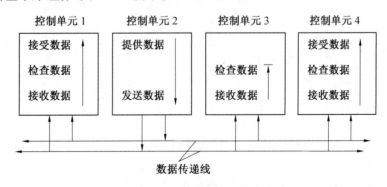

图 5.1.8　SISS 智能启停系统发动机

CAN 系统中的所有控制单元都能收到信息,并且每个都扮演识别器中的接收检验员,判断所收到的信息是否与相应的控制模块有关,如果有关,则采用;否则将被忽略。

每个控制单元都能传递和接收数据,但只是有选择性地读取需要的数据信息。

每个控制单元均可接收发送出的信息。通常把上述信息交换的原理称为广播,类似于一个广播电台发送某一节目一样,每个连接的用户均可接收。这种广播形式使系统中所有控制单元都处于相同的信息状态。

3. 新能源汽车车载网络系统的节点功能

CAN BUS 系统的节点功能,如图 5.1.9 所示。

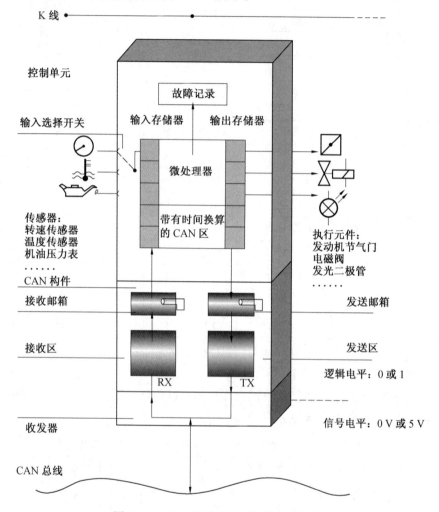

图 5.1.9　CAN BUS 总线系统节点功能图

(1)K 线。

K 线用于在 CAN BUS 系统自诊断时连接检测仪。

(2)控制单元。

控制单元接收来自传感器的信号,将其处理后再发送到执行元件上。

控制单元中包含两个重要构件:一个微处理器和 CAN 存储区。微处理器带有输入输出存储器和程序存储器。控制单元接收到的传感器值(如发动机温度或转速)会被定期查询并按顺序存入输入存储器。微处理器按事先规定好的程序来处理输入值,处理后的结果存入相应的输出存储器内,然后到达各个执行元件。而 CAN 存储区主要用于容纳接收到的和要发送的信息。

（3）CAN 构件。

CAN 构件用于数据交换，分为两个区：一个是接收区，一个是发送区。通过接收邮箱或发送邮箱与控制单元相连，该构件一般集成在控制单元的微处理器芯片内。

（4）收发器。

如图 5.1.10 所示，收发器是一个发送-接收放大器，它把 CAN 构件连续的比特流（逻辑电平）转换成电压值（线路传输电平），或者通过收发器把电压值转换成比特流。这个电压值适合铜导线上的信息传输。收发器通过 TX-线（发送导线）或 RX-线（接收导线）与 CAN 构件相连。RX-线通过一个放大器直接与 CAN 总线相连，总在监听总线信号。

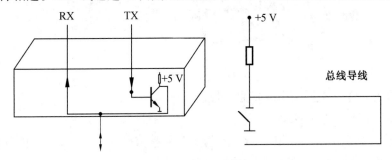

图 5.1.10　收发器内部示意图

如图 5.1.11 所示，收发器一个特点就是 TX 线与总线的耦合，这个耦合过程是通过一个断路式集流器电路来实现的。所以，总线导线上就会出现两种状态：一种状态（状态 1），晶体管截止状态（开关未接合），总线电平等于 1，无源；另一种状态（状态 0），晶体管导通状态（开关已接合），总线电平等于 0，有源。由此，将无源的总线电平称为隐性电平，有源的总线电平称为显性电平。

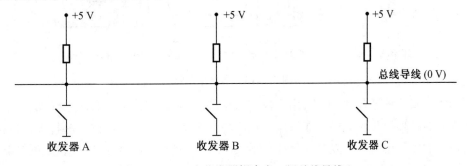

图 5.1.11　三个收发器耦合在一根总线导线上

如果某一开关已接合，电阻上就有电流流过，于是总线导线上的电压就为 0 V。如果所有开关均未接合，那么就没有电流流过，电阻上就没有压降，于是总线导线上的电压就为 5 V。

因此，若总线处于状态 1（无源），那么此状态可以由某一个控制单元使用状态 0（有源）来改写。

(5)网关。

如图 5.1.12 所示,由于不同区域 CAN BUS 总线的速率和识别代号不同,因此某一信号要从一个总线进入到另一个总线区域,必须把此信号的速率和识别代号进行改变,能够让另一个系统接受,这个任务由网关(Gateway)来完成。

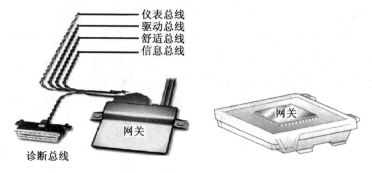

图 5.1.12　网关

4. 新能源汽车车载网络系统信息传输过程

(1)CAN 信息的结构原理。

如图 5.1.13 所示,CAN BUS 所传递的每个完整信息分别由开始域、状态域、控制域、数据域、安全域、检验域和结束域所构成。

①开始域。标志数据开始。带有大约 5 V 电压(由系统决定)的 1 位,被送入高位 CAN 线;带有大约 0 V 电压的 1 位被送入低位 CAN 线。此外,还用于确定与其他节点硬件的同步。

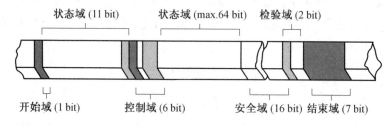

图 5.1.13　信息结构图

②状态域。该区包括 11 位,用于标识数据的内容,判定数据中的优先权,低值标识符代表数据的较高级优先顺序。如果两个控制单元都要同时发送各自的数据,那么,具有较高优先权的控制单元优先发送。例如包括发动机冷却液温度信息的数据和车辆打滑信息的数据相比,后者通常具有更低值的标识符,具有优先发送的权利。

③控制域。该区共包括 6 位。前两位为显性,以备将来应用。后四位包括随后的数据域中字节的数量,其值为 0 ~ 8,在本部分允许任何接收器检查是否已经接收到所传递过来的所有信息。

④数据域。表示传递的信息所对应的数据,最多可达 64 位(8 字节)。在数据域中,信息被传递到其他控制单元。

⑤安全域。包括一个用于错误检测的 15 位数列和一个定界符位。发送数据和接收

信息的控制单元用于检查和比较传递信息所发生的变化(检测传递数据中的错误)。

⑥检验域。包括隐性传输的空格位及通常为隐性的定界符位。在此,接收器信号通知发送器,接收器已经正确收到数据。若检查到错误,接收器立即通知发送器,发送器再发送一次数据。

⑦结束域。该区表示数据完成,它通常包括7位隐性位。表示该信息数据传递结束,这里是显示错误并重新发送数据的最后一次机会。

(2)CAN 总线的标准、协议。

①网络协议。网络由使用的电子语言来识别。控制模块必须"使用和解读"相同的电子语言,这种电子语言称为协议。

a. J1850 标准企业协议。J1850 是美国汽车的车内联网标准,包含了两个不兼容的规程。通用汽车公司(GM)和克莱斯勒汽车公司(Chrysler)采用 10.4 kbit/s 可变规程的类似版本,在单根线的总线上进行通信;福特汽车公司(FORD)采用 46.1 kbit/s 的 PWM (Pulse Width Modulation,脉冲宽度调制),在双线的差分总线上进行通信。

b. J1939 协议。J1939 是一种以 CAN 2.0 为网络核心、支持闭环控制的在多个 ECU 之间高速通信的网络协议。

②网络标准。目前存在多种汽车网络标准,其侧重的功能有所不同。为方便研究和设计应用,SAE 车辆网络委员会将汽车数据传输网划分为 A、B、C 三类。A 类是面向传感器/执行器控制的低速网络,数据传输位速率通常小于 10 kbit/s,主要用于电动后视镜,电动窗、灯光照明等控制;B 类是面向独立模块间数据共享的中速网络,位速率在 15～125 kbit/s,主要应用于车身电子舒适性模块、仪表显示等系统;C 类是面向高速、实时闭环控制的多路传输网,位速率在 125 kbit/s～1 Mbit/s,主要用于牵引力控制、发动机控制、ABS 等系统。

a. A 类总线标准、协议。A 类的网络通信大部分采用 UART(Universal Asynchronous Receiver/Transmitter,通用异步接收/发送装置)标准。UART 使用起来既简单又经济,但随着技术的发展,预计在今后几年中将会逐步在汽车通信系统中被停止使用。

目前,A 类首选的标准是 LIN。LIN 是用于汽车分布式电控系统的一种新型低成本串行通信系统。它是一种基于 UART 的数据格式、主从结构的单线 12 V 的总线通信系统,主要用于智能传感器和执行器的串行通信,而这正是 CAN 总线的带宽和功能所不要求的部分。由于目前尚未建立低端多路通信的汽车标准,因此 LIN 正试图发展成为低成本的串行通信的行业标准。

b. B 类总线标准、协议。B 类的网络通信采用的是 ISO 11898 标准,传输速率在 100 kbit/s 左右的 CAN 总线。CAN 总线是德国 BOSCH 公司从 20 世纪 80 年代初为解决现代汽车中众多控制与测试仪器之间的数据交换而开发的一种串行数据通信协议,它是一种多主总线,通信速率可达 1 Mbit/s。

CAN 总线通信接口中集成了 CAN 协议的物理层和数据链路层功能,可完成对通信数据的成帧处理,包括位填充、数据块编码、循环冗余检验、优先级判别等项工作。

CAN 协议的最大特点是废除传统的站地址编码,实行对通信数据块进行编码,最多可标识 2 048(2.0 A)个或 5 亿(2.0 B)多个数据块。采用这种方法可使网络内的节点个数在理论上不受限制。数据段长度最多为 8 个字节,不会占用总线时间过长,从而保证了通信的实时性。CAN 协议采用 CRC 检验并可提供相应的错误处理功能,保证了数据通信的可靠性。以往广泛适用于美国车型的 J1850 正逐步被基于 CAN 总线的标准和协议所取代。

c. 高速总线系统标准、协议。由于高速总线系统主要用于与汽车安全相关,以及实时性要求比较高的地方(如动力系统),所以其传输速率比较高。根据传统的 SAE 的分类,该部分属于 C 类总线标准,通常在 125 kbit/s ~ 1 Mbit/s,必须支持实时的周期性的参数传输。

目前,随着汽车网络技术的发展,未来将会使用到具有高速实时传输特性的一些总线标准和协议,包括采用时间触发通信的 X by Wire 系统总线标准、用于安全气囊控制和通信的总线标准、协议。

(a)C 类总线标准、协议。在 C 类标准中,欧洲的汽车制造商基本上采用的都是高速通信的 CAN 总线标准 ISO 11898。而 J1939 供货车及其拖车、大客车、建筑设备以及农业设备使用,是用来支持分布在车辆各个不同位置的电控单元之间实现实时闭环控制功能的高速通信标准,其数据传输速率为 250 kbit/s。在美国,GM 公司已开始在所有的车型上使用其专属的所谓 GMLAN 总线标准,它是一种基于 CAN 的传输速率在 500 kbit/s 的通信标准。

(b)安全总线和标准。安全总线主要用于安全气囊系统,以连接加速度计、安全传感器等装置,为被动安全提供保障。目前已有一些公司研制出了相关的总线和协议,包括 Delphi 公司的 Safety Bus 和 BMW 公司的 Byteflight 等。

(c)X by Wire 总线标准、协议。X by Wire 最初是用在飞机控制系统中,称为电传控制,现在已经在飞机控制中得到广泛应用。由于目前对汽车容错能力和通信系统的高可靠性的需求日益增长,X by Wire 开始应用于汽车电子控制领域。在未来的 5 ~ 10 年里,X by Wire 技术将使传统的汽车机械系统(如刹车和驾驶系统)变成通过高速容错通信总线与高性能 CPU 相连的电气系统。目前,这一类总线标准主要有 TTP、Byteflight 和 Flex Ray。

(3)数据传输过程。

①发送过程。如图 5.1.14 所示,发动机控制单元的传感器接收到转速值。该值以固定的周期(循环往复地)到达微处理器的输入存储器内。由于瞬时转速值还用于其他控制单元(如组合仪表),所以该值应通过 CAN 总线来传递。于是转速值就被复制到发动机控制单元的发送存储器内。该信息按协议被转换成 CAN 的特殊格式从发送存储器进入 CAN 构件的发送邮箱内。如果发送邮箱内有一个实时值,那么该值会由发送特征位(举起的小旗)显示出来。将发送任务委托给 CAN 构件,发动机控制单元就完成了此过程中的任务。

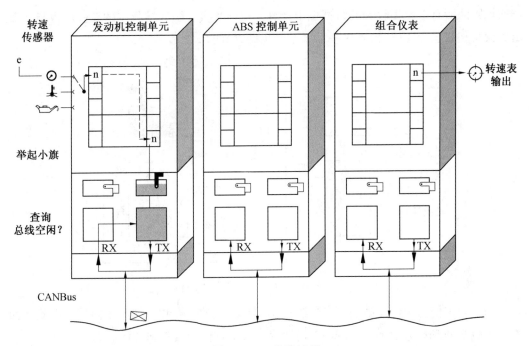

图 5.1.14 发送过程

如图 5.1.15 所示,CAN 构件通过 RX-线来检查总线是否有源(是否正在交换别的信息),必要时会等待,直至总线空闲下来为止。如果总线空闲下来(某一时间段内的电平 1,无源),发动机信息就会被发送出去。

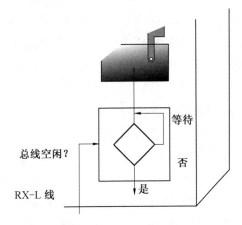

图 5.1.15 总线空闲查询

②接收过程。接收过程分为两步:第一步,检查信息是否正确(在监控层);第二步,检查信息是否可用(在接受层)。

发送器在发送每个信息时,所有数据位会产生并传递一个 16 位的校验和数;所有连接的装置都接收发动机控制单元发送的信息(广播),并通过监控层内的 CRC(Cycling Redundancy Check,循环冗余码校验)校验和数来确定是否有传递错误,同时接收器按同样的规则从所有已经接收到的数据位中计算出校验和数。随后接收到的校验和数与计算出的校验和数进行比较,检查这些信息是否正确,如图 5.1.16 所示。

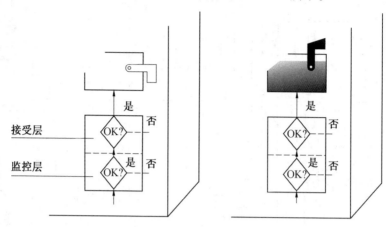

图 5.1.16　信息检查

如果确定信息无传递错误,则连接在 CAN 总线上的所有装置均给发射器一个确认回答,即"信息收到符号"(Acknowledge,简写为 Ack),它位于校验和数后。

已接收到的正确信息将会到达相关 CAN-构件的接收区。在接收区来决定该信息是否用于完成各控制单元的功能。如果不是,该信息就被拒收;如果是,该信息就会进入相应的接收邮箱。

连接的组合仪表则根据升起的"接收旗"判断出现在有一个信息(如转速)在排队等待处理。组合仪表调出该信息并将相应的值复制到输入存储器内。在组合仪表内,转速经微处理器处理后到达执行元件并最后到达转速表。这个信息交换过程按设定好的循环时间(例如每 10 ms)在持续地重复进行。于是,通过 CAN-构件发送和接收信息的过程结束。

(4)CAN BUS 系统信息传输的优先权判定。

如果多个控制单元同时向总线发送信息,那么数据总线上必然会发生数据冲突。为了避免发生这种情况,CAN 总线是通过识别各个控制单元发送信息时的标识符来判定信息传输顺序的。

①信息传输顺序原则。由于 CAN BUS 数据总线在同一时刻只允许一个数据传递,如果多个控制单元要同时发送各自的数据,系统将根据数据的优先级别来确定具有更高优先权的数据进行优先发送。例如基于安全考虑,由 ABS 控制单元提供的数据比自动变速器控制单元提供的数据(驾驶舒适)更重要,因此具有优先权。

②数据传递的优先权判定方法。发送隐性电位的控制单元,若检测到一个显性电位,那么该控制单元停止发送转为接收。如果一个控制单元向外发送高电位(用"0"表示),而同时另一个控制单元向外发送低电位(用"1"表示),则数据传输线将体现高电位(用"0"表示)。

(5) CAN BUS 系统信息传输波形。

如图 5.1.17 所示为 CAN 数据总线信息传输信号波形。用以传输数据的 CAN 数据总线采用双向数据线,分为 CAN 高位(CAN-high)和低位(CAN-low)。CAN 高位和低位数据线的信号电压为相互对称分布。当 CAN 高位数据线电压为 5 V 时,CAN 低位数据线电压为 0 V;而当 CAN 高位数据线电压为 0 V 时,CAN 低位数据线电压为 5 V。

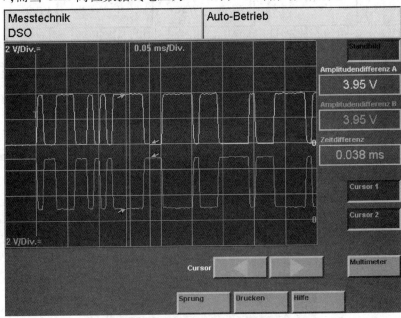

图 5.1.17　CAN BUS 信息传输波形图

四、任务实施

吉利 EV450 P-CAN 与 V-CAN 的认知。

1. V-CAN

吉利 EV450 CAN 网络的连通是进行整车故障诊断的基础。其中分为 V-CAN 还有 P-CAN 两路 CAN 总线,均可通过 OBD 对两路 CAN 进行监控。P-CAN 总线负责高压模块,分别包括 BMS,OBC,GSM,PEU 等。其中 BMS 与 PEU 各分布 120 Ω 终端电阻。V-CAN 总线负责低压模块,分别包括:EPB,ESC,BCM 等,其中 ESC 与 BCM 各分布 120 Ω 终端电阻(如图 5.1.18 和图 5.1.19)。

2. P-CAN

P-CAN 的电路如图 5.1.20 所示。

3. 各模组的查找

在吉利 EV450 整车上查找有 P-CAN 和 V-CAN 各模组位置。

4. P-CAN 和 V-CAN 节点的查找

查找 BV01、CA58、IP04a、CA04、JC102 的位置。

5. CAN 总线端子编号的查找

查找 P-CAN 和 V-CAN 各模组 CAN 总线端子编号。

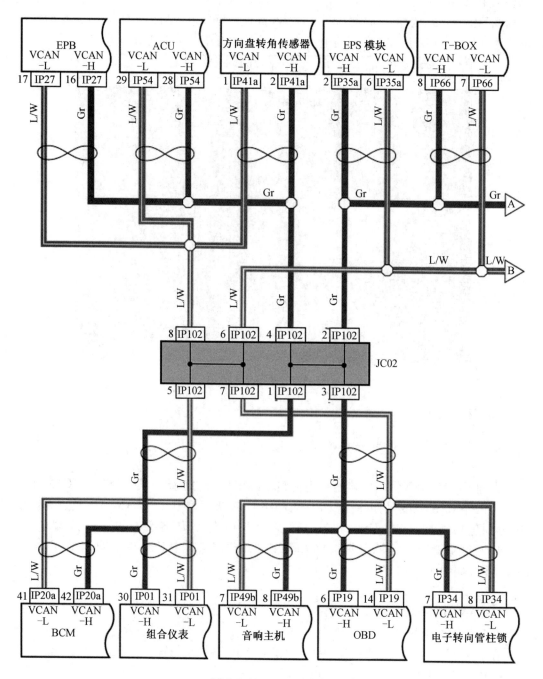

图 5.1.18 V-CAN(1)

项目五 新能源汽车车载网络系统的检修

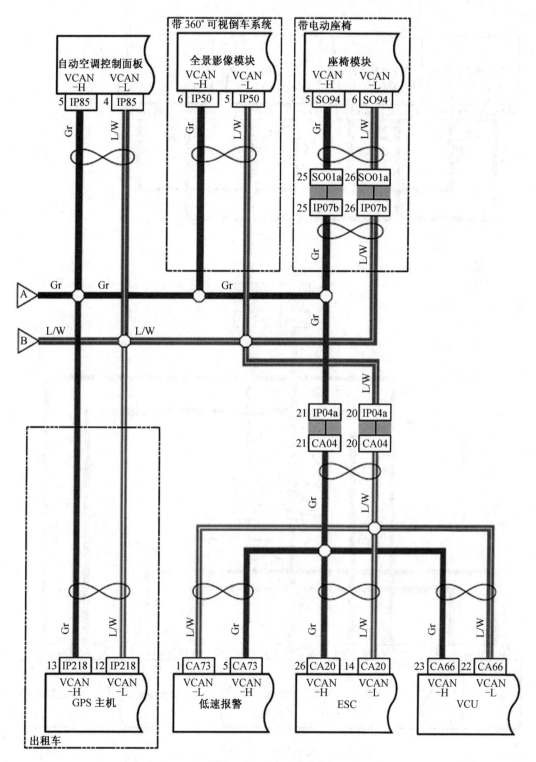

图 5.1.19 V-CAN(2)

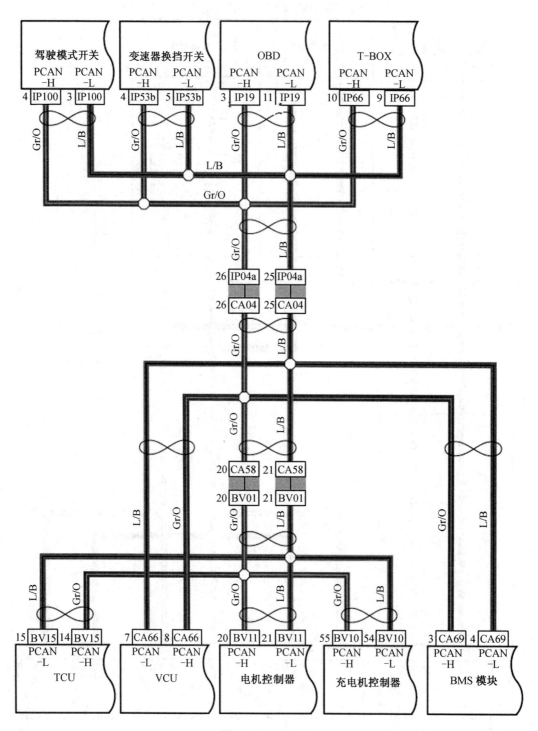

图 5.1.20 P-CAN

任务二　新能源汽车车载网络系统的检修

一、任务引入

如果你是 4S 店的维修人员，经检测发现车辆的车载网络系统出现了故障，你能通过所学的相关知识对车载网络系统故障处进行维修吗？

二、任务要求

知识要求：
了解新能源汽车车载网络的故障特点和基本检修方法。
技能要求：
能对诊断座 CAN 终端电阻进行测量。
职业素养要求：
1. 严格执行汽车检修规范，养成严谨科学的工作态度。
2. 养成总结训练结果的习惯，为下次训练积累经验。
3. 尊重他人劳动，不窃取他人成果。
4. 养成团结协作的精神。
5. 严格执行 5S 现场管理。

三、相关知识

新能源汽车车载网络检修相关概述，车载网络系统的故障特点和检修方法如下。

（一）故障诊断工具

进行车载网络系统的检修，需要以下诊断工具：
(1) 诊断设备。
能进行 CAN 数据总线故障检测的诊断仪器(含原厂仪器、通用型仪器)。
(2) 检测设备。
汽车专用电表、示波器等。
(3) 技术资料。
相关车型车载网络系统结构图、线路图。

（二）车载网络系统的故障种类和故障部位

1. 全部控制单元不能和诊断仪器通信
故障可能部位：诊断接头，BUS 线，网关。
2. 部分或某个控制单元不能和诊断仪器通信
故障可能部位：诊断接头，BUS 线，控制单元。
3. 控制单元记忆系统相关的故障码
故障可能部位：BUS 线，控制单元。

4.采用 CAN 系统控制的功能故障

故障可能部位:BUS 线,控制单元,相关元件。

(三)车载网络系统的故障现象

1.断路或短路的故障

断路:总线上无电压。

对正极短路:总线上无电压变化,总线电压=蓄电池电压。

对地短路:总线上无电压变化,总线电压 $U=0$ V。

原因可能为:

(1)导线中断。

(2)导线局部磨损。

(3)线束连接损坏/触头损坏/污垢、锈蚀。

(4)控制单元损坏或控制单元供电故障。

2.控制单元的故障

干扰总线系统的控制单元:

该故障原因可能由于软件引起。

症状:由电码干扰而导致的功能无法执行或功能异常。

确定干扰总线系统的控制单元:

(1)依次取下每根总线上连接的控制单元保险丝。

(2)每脱开一个控制单元后,重复总线测试。

(3)如果在脱开某个控制单元后数据传送重新正常,则表明该控制单元干扰了数据交换。

(4)可更换相关的控制单元。

(四)总线的维修

如图 5.2.1 所示,拆开在损坏点处的缠绕线,对损坏点处进行维修。在维修时需注意:为了屏蔽干扰,尽可能少拆解缠绕节,并且维修点之间的距离应保持至少 100 mm。

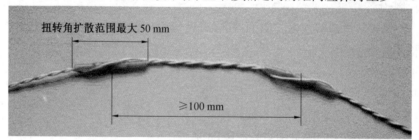

图 5.2.1 总线的维修

四、任务实施

(一)工作准备

(1)防护装备:常规实训着装。

(2)车辆、台架、总成:带车载互联网系统的整车或示教板。

(3)专用工具、设备:无。

(4)手工工具:无。

(5)辅助材料:无。

(二)实施步骤

1. CAN 系统终端电阻的测量

(1)找到诊断插头 H 和 L 的端子。

如图 5.2.2 所示,查看诊断座 H 和 L 的端子序号(6 号端子为 H,14 号端子为 L)。

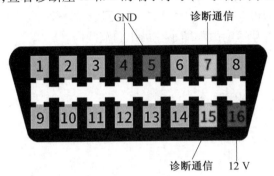

图 5.2.2　找到诊断插头高低 CAN 端子

(2)点火开关置于 ON 挡。

(3)万用表调至电阻挡 200 Ω。

(4)如图 5.2.3 所示,两表笔分别连接高低 CAN 端子(6 和 14 号端子),测量 CAN 终端电阻,标准值为 60 Ω 左右。

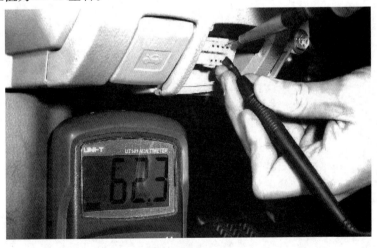

图 5.2.3　测量 CAN 总线电阻

2. P-CAN 的检测

以 VCU P-CAN 的检测为例。

(1)检测 VCU P-CAN 是否对地或电源短路。测量 CA66/7 与车身之间电压,电压小于 2.5 V,测量 CA66/8 与车身之间电压,电压应大于 2.5 V。

(2)断开蓄电池的负极,断开 VCU 的 CA66,测量 CA66/7 与 CA66/8 之间电阻,电阻值应为 60 Ω；如果无穷大，转步骤(3)和(4)，如果为接近 0 Ω，说明 P-CAN 存在互短，需转步骤(5)。

(3)测量 CA66/7 与 IP19/14 之间电阻，电阻应为 0 Ω，如果无穷大，则说明 CA66/7 与 IP19/14 之间存在断路，需进行进一步测量，缩小断路的故障范围。

(4)测量 CA66/8 与 IP19/6 之间电阻，电阻应为 0 Ω，如果无穷大，则说明 CA66/8 与 IP19/6 之间存在断路，需进行进一步测量，缩小断路的故障范围。

(5)断开 BV01 与 CA58 之间连接器，断开 IP04a 与 CA04 之间连接器，测量 CA66/7 与 CA66/8 之间电阻、IP19/6 与 IP19/14 之间电阻、BV01/20 与 BV01/21 之间电阻，根据所测的电阻值，可以将互短的故障缩小在最小的范围内。

参考文献

[1] 吉利EV450 FE-3ZA 维修手册 V1.1[G],2018:1-1236.
[2] 唐勇,王亮. 新能源汽车电气技术[M]. 北京：人民交通出版社,2017.
[3] 吴立新. 新能源汽车电气技术[M]. 北京:机械工业出版社,2018.
[4] 汪立亮. 电动汽车电气系统原理与维修[M]. 北京：化学工业出版社,2020.